ART ATTACK ™

avec Neil Buchanan et Philippe Rouault

imagine

W9-CFG-921

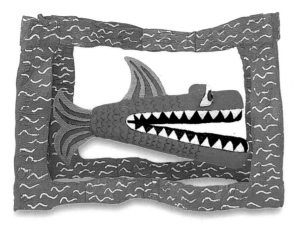

imagine

Conception maquette Cheryl Telfer
Maquettiste Vanessa Hamilton
Éditeur Lee Simmons
Responsable édition Sue Peach

Maquettiste Jim Copley
Photographies Gary Ombler

Responsable artistique Marcus James
Direction éditoriale Jane Yorke
Fabrication Charlotte Traill
Infographie Almudena Díaz

Édition originale publiée en Grande-Bretagne en 1998
par Dorling Kindersley Limited
9 Henrietta Street
London WC2E 8PS

Traduction de Céline Carez
La traduction française a été réalisée par
FRANKLAND PUBLISHING SERVICES LTD
Montage : Picthall & Gunzi Ltd

Données de catalogage avant publication (Canada)
Buchanan, Neil
Art Attack
Traduction de : Art Attack.
Comprend un index.
Pour les jeunes de 6 à 12 ans.
ISBN 2-89608-000-7 (v. 1)
1. Artisanat - Ouvrages pour la jeunesse. 2. Recyclage (Déchets, etc.) -
Ouvrages pour la jeunesse. 3. Objets trouvés (Art) -
Ouvrages pour la jeunesse. I. Rouault, Philippe. II. Titre.
TT160.B8214 2004   j745.5   C2003-941589-9

Les Éditions Imagine inc.
4446, boul. St-Laurent, 7e étage, Montréal (Québec) H2W 1Z5
ISBN 2-89608-000-7
Dépôt légal : Bibliothèque nationale du Québec, 2004
Reproduction en couleurs GRB Éditrice S.r.l. Vérone, Italie
Imprimé et relié en Italie par L.E.G.O.
10 9 8 7 6 5 4 3 2

Dorling Kindersley souhaite remercier
Media Merchants pour leur aide et leur enthousiasme,
Mark Haygarth pour le design de la couverture
et Andy Crawford pour les photographies.

SOMMAIRE

SALUT LES ARTISTES !

Voici mille et une idées et soixante-trois pages d'astuces pour fabriquer les trucs les plus fous à partir de rien ! De véritables petits chefs-d'œuvre ! Et des après-midi entiers à s'amuser ! Pour les matières premières, il faut faire les poubelles et fureter autour de toi ! Et pas besoin d'être un super dessinateur pour réaliser avec succès les constructions les plus géniales et les plus drôles. C'est facile. À toi de jouer !

Neil Buchanan

Papier crêpe

Gobelets

Tubes de carton

Pâtes crues

Papier cadeau

Ficelle

Fil de nylon

Essuie-tout

Pinceaux

Feutres marqueurs ★

Le produit indispensable
Pour réaliser les projets de ce livre, il faut préparer toi-même un mélange épais de colle blanche et d'eau. Il faut mettre deux fois plus de colle que d'eau.

Deux cuillerées de colle

Une cuillerée d'eau

Bonnes proportions du mélange

★ *N'oublie pas d'aérer les pièces lorsque tu te sers de feutres marqueurs ou autres produits toxiques.*

Carton

Paillettes

Ballons

Scotch tape

Monsieur Bricolo
Monsieur Bricolo apparaît sur les pages pour t'aider dans tes projets, te donner de judicieux conseils et te livrer les secrets de fabrication.

Carton ondulé

Crayons de couleur

Papier de toilette

Feuille de couleur

Sacs-poubelles

Stylos dorés et argentés

Ouate

Gouache

Journaux

Main basse sur le recyclage !

Il faut garder un œil sur le recyclage. Et y piocher si besoin est ! Il y a souvent d'excellentes fournitures à récupérer pour tes projets.

Peinture acrylique

PORTEMANTEAU D'HALLOWEEN

Voici un excellent moyen de tenir les petits curieux à distance de ton garde-robe! Quelques cris, des frissons, l'ennemi recule. Pas de doute, ton portemanteau fera son effet!

Fournitures

Carton   Journaux

Peinture   Ficelle   Mélange de colle

Papier de toilette   Scotch tape

Cintre

Pinceau

Feutre marqueur

Ciseaux

Fabrication

1 Sur du carton, dessine une tête de monstre grandeur nature. Il faut que le cou soit aussi long que la tête. Découpe ton bonhomme.

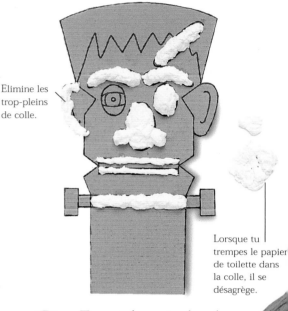

Elimine les trop-pleins de colle.

Lorsque tu trempes le papier de toilette dans la colle, il se désagrège.

2 Trempe du papier de toilette avec la colle. Cela donne une pâte avec laquelle tu peux former les traits du visage.

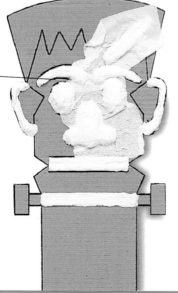

Le papier de toilette et la colle vont sécher et le carton va durcir.

3 Recouvre la tête, recto et verso, d'une couche de papier de toilette. Passe une couche de ton mélange de colle. Laisse sécher.

Pour bien faire ressortir les traits du visage, il faut insister par endroits avec la peinture.

4 Peins le visage de ton monstre d'une couleur vive pour le rendre le plus effrayant possible. C'est le but du jeu!

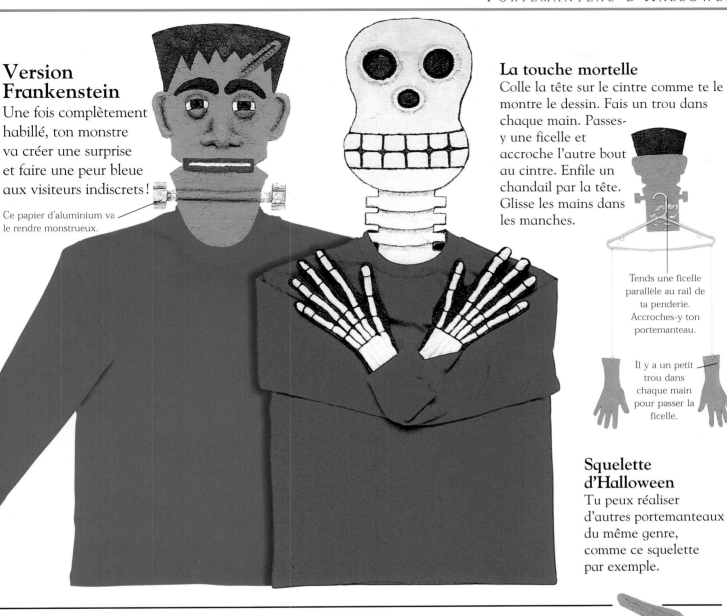

Version Frankenstein

Une fois complètement habillé, ton monstre va créer une surprise et faire une peur bleue aux visiteurs indiscrets!

Ce papier d'aluminium va le rendre monstrueux.

La touche mortelle

Colle la tête sur le cintre comme te le montre le dessin. Fais un trou dans chaque main. Passes-y une ficelle et accroche l'autre bout au cintre. Enfile un chandail par la tête. Glisse les mains dans les manches.

Tends une ficelle parallèle au rail de ta penderie. Accroches-y ton portemanteau.

Il y a un petit trou dans chaque main pour passer la ficelle.

Squelette d'Halloween

Tu peux réaliser d'autres portemanteaux du même genre, comme ce squelette par exemple.

Les mains de la peur

1 Trace le contour de ta main sur un morceau de carton. Ensuite, découpe cette forme aux ciseaux.

En faisant bien attention, perce un petit trou en bas de chaque main.

Pour un «look squelette», peins les boudins de papier en noir et blanc.

2 Fabrique des boudins de papier journal. Colle-les tout le long de la main. Laisse-les sécher.

3 Recouvre chaque côté de la main d'une couche de papier de toilette et de ton mélange de colle. Laisse sécher. Peins-les de la même couleur que ta tête de monstre.

LA DINO-TIRELIRE

Oublie tes gentilles tirelires — petits cochons et autres. Avec ce dinosaure, ton argent de poche sera bien gardé! Il ne te reste plus qu'à faire des économies!

Fournitures

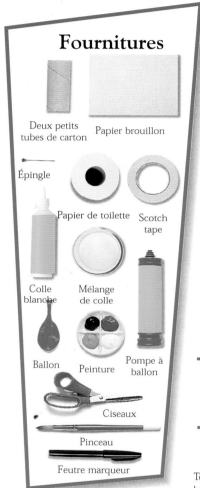

Deux petits tubes de carton

Papier brouillon

Épingle

Papier de toilette

Scotch tape

Colle blanche

Mélange de colle

Ballon

Peinture

Pompe à ballon

Ciseaux

Pinceau

Feutre marqueur

Fabrication

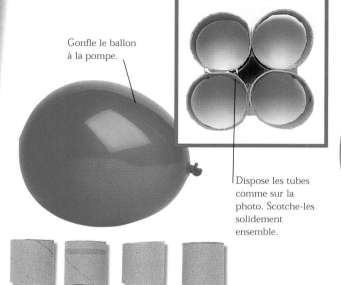

Gonfle le ballon à la pompe.

Dispose les tubes comme sur la photo. Scotche-les solidement ensemble.

Dessine un rectangle pour positionner la fente de la tirelire.

1 Gonfle un petit ballon rond. Attache le bout en faisant un nœud. Coupe deux tubes de carton en deux. Scotche tes quatre pièces ensemble.

2 Scotche ton ballon sur les quatre petits tubes de carton. Sur le dessus, dessine au marqueur un rectangle de 1 cm sur 4 pour la fente.

Ton boudin de papier brouillon doit être approximativement de la même longueur que le ballon.

Oriente la queue du dinosaure vers le bas.

3 Avec un boudin de papier, forme un cou et une tête de dinosaure. Relève la tête. Scotche le boudin sur le devant du ballon. Procède de la même manière pour la queue et fixe-la.

Pour donner du relief au dinosaure, peins sa base plus claire.

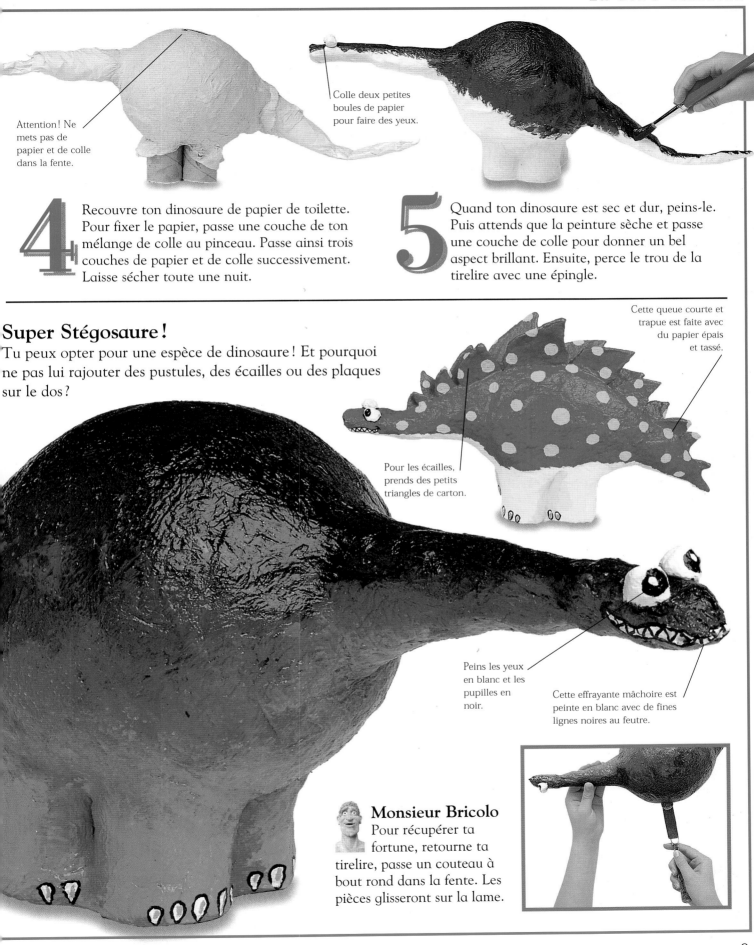

Attention! Ne mets pas de papier et de colle dans la fente.

Colle deux petites boules de papier pour faire des yeux.

4 Recouvre ton dinosaure de papier de toilette. Pour fixer le papier, passe une couche de ton mélange de colle au pinceau. Passe ainsi trois couches de papier et de colle successivement. Laisse sécher toute une nuit.

5 Quand ton dinosaure est sec et dur, peins-le. Puis attends que la peinture sèche et passe une couche de colle pour donner un bel aspect brillant. Ensuite, perce le trou de la tirelire avec une épingle.

Super Stégosaure!

Tu peux opter pour une espèce de dinosaure! Et pourquoi ne pas lui rajouter des pustules, des écailles ou des plaques sur le dos?

Cette queue courte et trapue est faite avec du papier épais et tassé.

Pour les écailles, prends des petits triangles de carton.

Peins les yeux en blanc et les pupilles en noir.

Cette effrayante mâchoire est peinte en blanc avec de fines lignes noires au feutre.

Monsieur Bricolo
Pour récupérer ta fortune, retourne ta tirelire, passe un couteau à bout rond dans la fente. Les pièces glisseront sur la lame.

MASQUE GUERRIER

Pas besoin d'être archéologue ni de se lancer dans des fouilles pour posséder un masque pareil ! Une boîte en carton suffira pour explorer l'Histoire.

Fournitures

Boîte en carton

Papier

Peinture dorée ou argentée

Serviettes en papier

Ciseaux

Scotch tape

Mélange de colle

Papier de toilette

Pinceau

Feutre marqueur

Fabrication

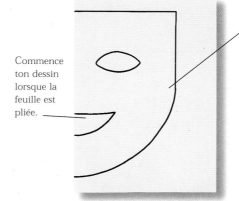

Commence ton dessin lorsque la feuille est pliée.

Ton masque doit faire 25 cm dans le sens de la longueur.

1 Prends une feuille de papier et plie-la en deux. Sur le côté gauche, dessine la moitié d'un bouclier sur lequel tu ajoutes une demi-bouche et un seul œil.

2 Découpe et enlève soigneusement l'œil et la demi-bouche, puis découpe le bouclier. Déplie ta feuille, voilà ton modèle de masque.

Pour le haut du masque, trace une ligne qui relie les deux côtés.

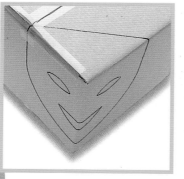

Fabrique des petits boudins frisés de papier de toilette et colle-les sur le crâne.

Le tour de la bouche et celui des yeux sont également faits avec des petits boudins de papier.

3 Scotche ton modèle de masque sur l'angle d'une boîte. Passe le stylo-feutre tout autour ainsi que dans les fentes correspondant aux yeux et à la bouche.

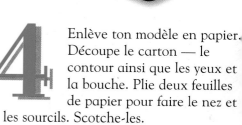

4 Enlève ton modèle en papier. Découpe le carton — le contour ainsi que les yeux et la bouche. Plie deux feuilles de papier pour faire le nez et les sourcils. Scotche-les.

5 Recouvre ton masque de petits lambeaux de serviettes en papier. Par-dessus, passe une couche au pinceau de ton mélange de colle. Fais-le également de l'autre côté. N'oublie aucun petit recoin.

6 Laisse sécher ton masque toute une nuit. Ensuite, avec une petite boule de papier de toilette, tamponne ton masque à la peinture dorée ou argentée. Ne va pas dans les creux. Laisse sécher.

Galerie de portraits

Accroche ton masque terminé sur le mur pour lui donner l'air d'une antiquité sortie tout droit d'un musée ! Tu peux transformer ta chambre en galerie de portraits en exposant plusieurs masques.

Suspends ton masque au mur avec un crochet ou un clou.

Pour ce masque, utilise des serviettes noires et de la peinture argentée.

À l'attaque !
Pour cet effrayant masque de Viking, dessine sur le modèle un menton bien pointu. Ajoute du papier journal froissé et compressé pour faire le casque.

La peinture métallique donne une patine à l'ancienne.

C'est cette grande bouche souriante qui donne au masque un air amical.

CHÂTEAU DE RÊVE...

As-tu déjà rêvé d'avoir un château pour jouer aux chevaliers et aux princesses comme dans les contes de fées ? Et pourquoi ne pas en construire un avec quelques tubes en carton ?

Fabrication

Fournitures

Papier et journaux

Tubes en carton, courts et longs

Scotch tape — Gobelet — Peinture

Papier de toilette — Paillettes — Mélange de colle

Ciseaux

Pinceau

Feutre marqueur

Prends garde de ne pas te blesser avec les ciseaux en perçant le gobelet.

1 Scotche un gobelet à l'envers sur une feuille de papier. Perce le fond du gobelet et enfile à l'intérieur un long tube de carton. Scotche-le au gobelet.

Bloque le papier journa avec un morc de scotch tap

Remplis l'intérieur des tubes de boules de papier chiffonné et compressé.

2 Scotche deux autres longs tubes en carton de chaque côté du gobelet. Entre ces deux tubes, un peu plus haut et derrière, scotches-en un troisième plus long.

Les fenêtres sont en forme d'arche, arrondies en haut, droites en bas.

5 Pour faire les toits, place les cinq cornets de papier sur tes cinq tourelles. Ensuite, délicatement, scotche-les ensemble. Le scotch tape disparaîtra sous le papier.

6 Chiffonne du papier journal et fais de longs et fins boudins compacts. Courbes-en pour faire les arches des fenêtres et de la porte. Scotche-les au château.

Cette photo prise sur le côté te montre la manière dont sont attachées les cinq petites tourelles aux longs tubes.

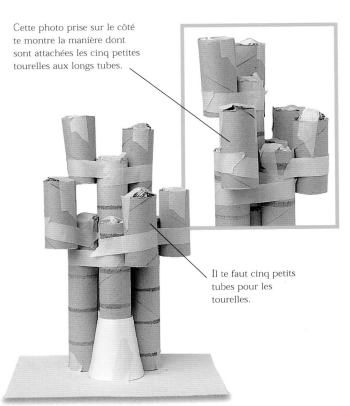

Il te faut cinq petits tubes pour les tourelles.

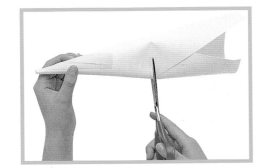

Ensuite, coupe ton cornet de la même hauteur que les petits tubes et de manière à s'emboîter dans les tourelles.

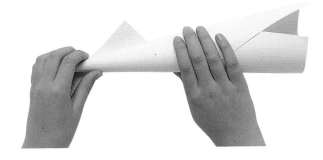

3

Scotche sur le côté un petit tube en carton au tube central. Ajoute un autre petit tube à chaque grand tube sur les côtés. Fixe-les avec du scotch tape. Enfin, les deux derniers petits tubes doivent être scotchés au grand tube arrière, comme le montre la photo.

4

Roule une feuille de papier, en partant du coin de la feuille, pour obtenir un cornet. Il faut le scotcher pour le maintenir dans sa forme conique. Fais quatre autres cornets.

Au final, lorsque c'est sec, le papier de toilette solidifie le château et donne une impression rugueuse imitant la pierre.

Avec des touches de blanc, tu peux créer des ombres.

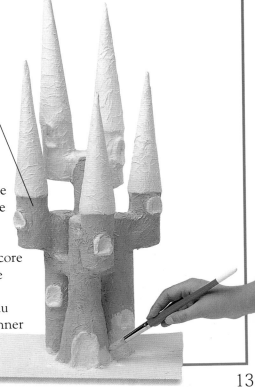

7

Recouvre les tours de petites bandes de papier de toilette et fixe-les en passant une couche de ton mélange de colle. Renouvelle l'opération trois fois de suite. Il faut couvrir toute la surface, y compris le gobelet. Laisse sécher complètement.

8

Ensuite, recouvre le château d'une bonne couche de peinture. Lorsque c'est sec, peins les derniers détails et décore les tours. Utilise le feutre marqueur. Saupoudre délicatement ton château de paillettes pour lui donner un aspect féerique!

POUR CONTES DE FÉES

Voici le château de tes rêves. Tu peux le décorer comme bon te semble. Tout est permis. Ici, nous avons choisi le bleu, l'or et l'argent pour être digne d'un conte de fées...

Les pierres soulignées d'une ligne noire font ressortir le bleu foncé et donnent du caractère au château.

Dessine des grilles noires aux fenêtres blanches.

Peins les toits des tourelles en jaune ou en doré et saupoudre-les de paillettes pour donner un «look conte de fées».

Château hanté!
Ce château à la Frankenstein est fait seulement d'un grand tube de carton et de trois petits tubes. Les fenêtres jaunes luisent étrangement sur cette façade bleu sombre.

Ce sont les petits détails et les finitions qui apportent une touche de réalisme, comme ces ardoises et le tour des fenêtres.

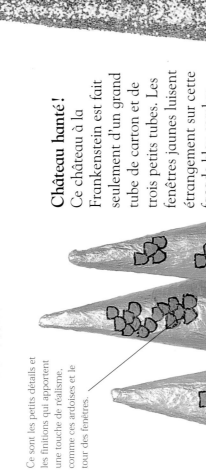

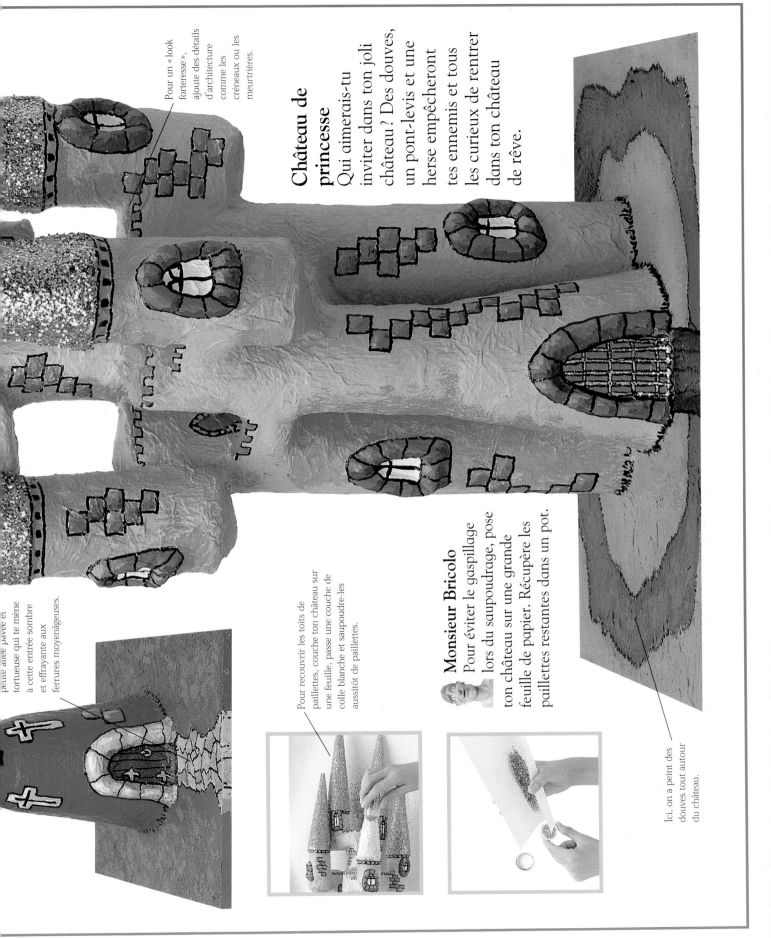

Pour un «look forteresse», ajoute des détails d'architecture comme les créneaux ou les meurtrières.

Château de princesse

Qui aimerais-tu inviter dans ton joli château? Des douves, un pont-levis et une herse empêcheront tes ennemis et tous les curieux de rentrer dans ton château de rêve.

peute ante pavee et tortueuse qui te mène à cette entrée sombre et effrayante aux ferrures moyenâgeuses.

Pour recouvrir les toits de paillettes, couche ton château sur une feuille, passe une couche de colle blanche et saupoudre-les aussitôt de paillettes.

Monsieur Bricolo

Pour éviter le gaspillage lors du saupoudrage, pose ton château sur une grande feuille de papier. Récupère les paillettes restantes dans un pot.

Ici, on a peint des douves tout autour du château.

ACCROCHE-SERPENT

Si ta chambre est une véritable «pagaille» et que tu ne trouves plus d'endroit pour pendre tes vêtements ou tes sacs, voici un serpent qui aura tout pour te séduire !

Fournitures

Carton ondulé

Journaux

Scotch tape

Essuie-tout

Tasse

Peinture

Mélange de colle

Ciseaux

Pinceau

Feutre marqueur

Fabrication

Commence du côté droit. Il ne faut dessiner que les trois quarts de la tasse.

Ensuite, déplace la tasse sous ton cercle et dessine un deuxième rond en suivant la tasse.

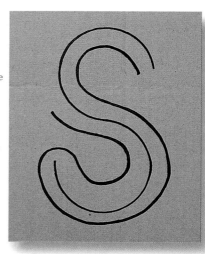

1 Pose le carton ondulé dans le sens des lignes verticales. Dessine un grand «S» en te servant de la tasse comme modèle.

2 Trace un gros trait au stylo-feutre de chaque côté de ton «S». Tu obtiens un serpent d'environ 3 cm de large.

Pour la tête, replie et rentre le bout du boudin de papier à l'intérieur. Scotche-le.

Pour les yeux, scotche une petite boule de papier journal de chaque côté du serpent.

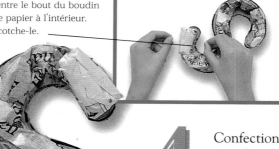

3 Découpe ton serpent en carton. Ensuite, fais un boudin de papier journal tassé de la longueur de ton «S». Mets-le en place tout le long de ton serpent et scotche-le.

4 Confectionne et scotche un deuxième boudin de papier pour l'autre côté du serpent. Ajoute deux petites boules de papier journal pour les yeux et colle-les de chaque côté de la tête.

5 Entoure le serpent de feuilles de Sopalin. Fixe-les avec ton mélange de colle. Recouvre ton serpent de trois couches successives de Sopalin et de ton mélange. On ne doit plus voir de papier journal.

6 Laisse sécher toute une nuit. Ensuite, avec ton stylo-feutre, dessine les yeux, la bouche, le nez et les écailles. Il ne te reste plus qu'à peindre ton reptile de la couleur qui te plaît.

Gentil reptile

Tu peux accrocher ton serpent où bon te semble — dans ta garde-robe, derrière ta porte, ou pourquoi pas, sur une étagère. Il te servira à suspendre tes vêtements, tes sacs ou tes baskets.

Méfie-toi de ce serpent aux yeux globuleux et au crochet venimeux qui dépasse !

Tu peux peindre des écailles ou des zigzags, des rayures, des marbrures ou des pois.

Le blanc fait ressortir les yeux et les crochets !

Monsieur Bricolo

Il faut veiller à ce que les rayures du carton ondulé soient verticales. Ça empêche le serpent de plier et c'est plus solide. Oriente ton carton jusqu'à ce que les rayures soient dans le bon sens.

Serpent géant !

D'autres couleurs pour d'autres serpents, tout est permis. Tu peux aussi fabriquer un serpent géant : au lieu d'utiliser une tasse comme modèle, pourquoi ne pas prendre une assiette ?

UN BOL CULOTTÉ !

Pour les petits artistes qui ont envie de créer ou pour ceux qui ont un cadeau à offrir, voici un vide-poches amusant, utile et très original !

Fabrication

Fournitures

Pompe à ballon

Journaux

Scotch

Mélange de colle

Peinture

Ballon

Gobelets (2)

Épingle

Ciseaux

Pinceau

Feutre marqueur

Le haut du ballon doit être recouvert de colle et de petits morceaux de journaux.

Prends un pot de fleurs ou un petit récipient pour maintenir le ballon en place.

Tu peux vérifier le nombre de couches en utilisant un papier journal différent à chaque fois.

1 Gonfle le ballon avec la pompe. Passe une couche de ton mélange de colle au pinceau. Recouvre une partie du ballon de petits carrés de journaux.

2 Couvre les deux tiers de ton ballon avec quatre couches successives de papier journal et de colle. Laisse sécher.

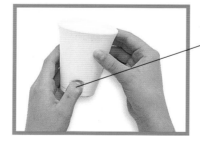

Si tu utilises des gobelets en polystyrène, tu peux enlever le fond sans ciseaux, en faisant pression avec le pouce.

Demande à quelqu'un de t'aider à maintenir le bol en place pendant que tu scotches les deux jambes.

3 Une fois le bol sec, crève le ballon avec l'épingle. Égalise les bords aux ciseaux. Prends deux gobelets et coupes-en le fond.

4 Renverse les deux gobelets et place-les côte à côte. Pose ton bol en papier mâché dessus. Scotche-le solidement sur les deux gobelets. Voilà les jambes !

Super culotté !

Voilà ton pantalon vide-poches. Génial, non ? Tu peux stocker ce que tu veux dedans : des bonbons, des fleurs séchées, des billes ou ton argent de poche. A moins que tu ne décides de l'offrir…

N'oublie pas de peindre l'intérieur de la culotte !

Il faut un marqueur doré ou argenté pour la ceinture.

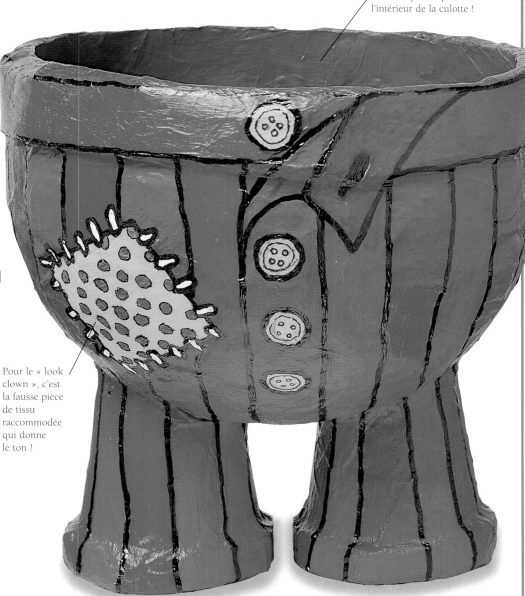

Pour le « look clown », c'est la fausse pièce de tissu raccommodée qui donne le ton !

Version cow-boy

La peinture bleue et les piqûres blanches donnent un air blue-jean. Pour le « look cow-boy », dessine au marqueur la ceinture marron, les poches révolver et les rivets.

5 Recouvre les gobelets de quatre couches successives de papier journal et de colle. Ajoute quelques couches supplémentaires au bord du bol, pour la ceinture, et en bas des gobelets pour les mollets !

6 Laisse ton pantalon sécher toute la nuit. Ensuite peins-le. Attaque-toi d'abord aux grosses rayures. Tu termineras les détails au feutre. Pour donner ce bel aspect brillant, passe une couche de P.V.A.

UN CADRE GRATINÉ !

Voici une belle idée de cadeau pour quelqu'un que tu peux encadrer ! Une création personnalisée avec... pourquoi pas, ta photo ?

Fournitures

Carton ondulé   Papier de couleur

Pâtes   Peinture   Bâton de colle

Colle P.V.A.   Photo

Ciseaux

Règle

Pinceau

Feutre marqueur

Crayon à papier

Fabrication

Pour prévoir ta bordure de pâtes et avoir des repères, dessine des petits points tout autour.

1 Découpe une feuille de papier de couleur qui soit plus grande que ta photo — 3 cm de long et de large en plus. Colle ta photo au centre. Ensuite, place la feuille sur un carton ondulé et trace un trait au crayon tout autour.

2 Avec ton feutre, trace un autre rectangle à l'intérieur, 2 cm en retrait de ta première ligne au crayon. Place quelques pâtes pour évaluer la marge qu'il va falloir pour faire ta bordure. Dessine le troisième rectangle.

Limite du cadre intérieur

Limite du cadre extérieur

Ne t'inquiète pas si la colle déborde un peu entre les pâtes.

3 Les deux rectangles dessinés sur le carton au feutre délimitent l'intérieur et l'extérieur du cadre. Découpe soigneusement le rectangle extérieur pour avoir le cadre.

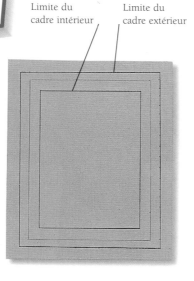

4 Couvre toute la marge de colle P.V.A. entre les deux traits au marqueur. Dispose joliment tes pâtes tout autour et colle-les en appuyant légèrement. Laisse sécher ton cadre toute la nuit.

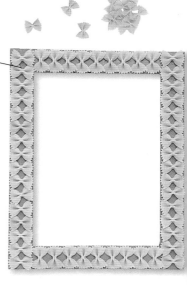

Chic et choc !

Tu peux innover à chaque fois… et faire plaisir. Il y a des pâtes aux formes différentes et beaucoup de jolies couleurs pour varier tes bordures, les rendre uniques et amusantes. La peinture argentée de ce cadre donne un petit air baroque et chic.

Ce cadre intéressant utilise deux sortes de pâtes.

« Y'a pas photo ! »

Ce n'est pas parce que tes photos sont rectangulaires qu'il faut faire des cadres identiques ! Au contraire ! Crée des cadres aux formes intéressantes et originales !

Tout est permis : une photo mais aussi un dessin que tu as fait et même des images de magazine ou de B.D.

Choisis de beaux papiers de couleur.

La P.V.A. donne un joli fini brillant.

5 Peins maintenant ton cadre très soigneusement en t'assurant que la peinture va bien dans tous les petits coins. Laisse sécher. Puis passe la colle P.V.A. Laisse encore sécher.

Il faut veiller à ce que la photo soit bien centrée dans le cadre.

6 Dépose une fine ligne de colle sur la bordure extérieure. Il ne te reste plus qu'à appuyer délicatement ton cadre pour le faire adhérer à la bordure. Laisse sécher.

MOBILE PLEIN CIEL

Rien de plus facile que de décorer le ciel de ta chambre. Ces mobiles sont extrêmement simples à réaliser.

Fourdritures

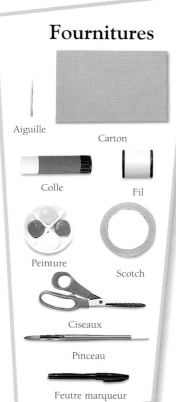

Aiguille

Carton

Colle

Fil

Peinture

Scotch

Ciseaux

Pinceau

Feutre marqueur

Fabrication

En collant les petits motifs sur les grands, on obtient une impression en relief.

Découpe deux petits ronds pour faire un visage au soleil.

1 Après t'être exercé sur une feuille, dessine sur du carton épais le pourtour d'un soleil, d'un arc-en-ciel, d'une montgolfière et de deux nuages de même taille.

2 Dessine ces mêmes motifs en plus petite taille. Fais-en deux exemplaires de chaque. Découpe-les et colle-les sur les grands.

Peins des ombres de gris sur les nuages.

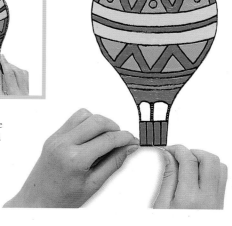

Perce chaque pièce avec une aiguille, en haut et en bas, à 1 cm du bord. Passe le fil par le petit trou.

3 Quand la colle est sèche, peins tes motifs en carton avec de belles couleurs. N'oublie pas de peindre recto verso.

4 Fais un petit trou et passe un long fil dans chaque pièce de carton. Pour avoir un joli mobile, choisis l'ordre de tes pièces et accroche-les ensemble en les espaçant de 5 cm.

Mobile céleste

Il ne te reste plus qu'à choisir l'endroit idéal pour accrocher ton mobile dans les airs !

C'est le visage du soleil qui donne ce petit air gai au mobile.

Fais une boucle en haut de ton mobile pour pouvoir l'accrocher.

Tu peux ajouter autant de fusées et de drôles d'engins qu'il te plaît.

Découpe dans du carton de gros yeux et colle-les sur cette pieuvre effrayante !

Pour donner du relief à tes pièces, repasse sur les lignes au marqueur noir.

Pour les continents, découpe et colle des petits bouts verts sur ton globe.

Pour éviter les découpages trop minutieux, il vaut mieux peindre les petits espaces en blanc.

Tu peux créer des ombres et des reliefs avec des nuances plus sombres de gris, comme sur ce nuage.

Mobile sous-marin

Tout est possible. Choisis le mobile dont tu as envie. Ces créatures sous-marines seront géniales dans une salle de bain !

Mobile spatial

Si tu es plutôt branché Guerre des Etoiles, voilà le mobile qu'il te faut — avec extraterrestres en option !

DRÔLE DE TÊTE !

Une drôle de tête pour rire et pour faire des farces... ce n'est pas sérieux mais amusant... surtout si tu l'encadres !

Fabrication

Fournitures

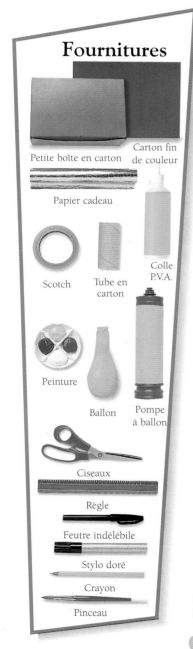

Petite boîte en carton

Carton fin de couleur

Papier cadeau

Scotch

Tube en carton

Colle P.V.A.

Peinture

Ballon

Pompe à ballon

Ciseaux

Règle

Feutre indélébile

Stylo doré

Crayon

Pinceau

Les boîtes de gâteaux ou de cacao en poudre sont idéales.

Attention ! Si ton papier cadeau est à motifs, positionne-le convenablement.

1 Récupère une boîte en carton — genre boîte de biscuits à apéritif, et découpe le devant. Peins l'intérieur et l'extérieur avec de la gouache ou de la peinture acrylique.

2 Découpe un morceau de papier cadeau de la même taille que le fond de ta boîte. Passe une couche de colle au fond. Place ton papier à l'intérieur et colle-le.

Pour dessiner le visage, utilise le feutre indélébile.

5 Découpe le rectangle central. Découpe également tout le long de la ligne ondulée. Retourne la feuille. Il ne te reste plus qu'à décorer ton cadre avec ton stylo doré.

6 Gonfle bien ton ballon avec la pompe. Ne fais pas encore le nœud. Demande à quelqu'un de te le tenir pendant que tu dessines la drôle de tête de ton drôle de bonhomme !

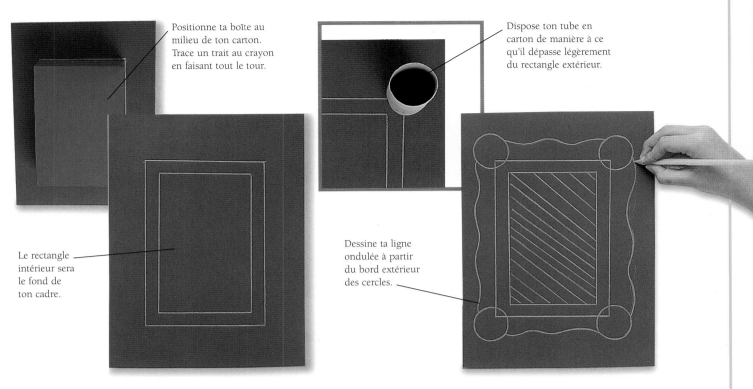

Positionne ta boîte au milieu de ton carton. Trace un trait au crayon en faisant tout le tour.

Dispose ton tube en carton de manière à ce qu'il dépasse légèrement du rectangle extérieur.

Le rectangle intérieur sera le fond de ton cadre.

Dessine ta ligne ondulée à partir du bord extérieur des cercles.

3 Pour fabriquer le cadre, pose ta boîte sur une jolie feuille cartonnée de couleur. Trace un trait tout autour de cette boîte. Trace à la règle un deuxième trait, celui-ci à 1 cm du bord, à l'intérieur.

4 Pose le bout d'un tube en carton dans chacun des angles de ton cadre. Trace un cercle au crayon en passant autour du tube pour chaque angle. Pour faire la bordure extérieure, relie ces cercles en traçant au crayon une ligne ondulée.

Laisse le ballon se dégonfler jusqu'à ce qu'il atteigne environ la taille de ton poing. Attache-le en faisant un nœud.

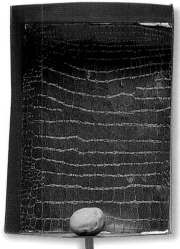

7 Laisse le ballon se dégonfler un peu afin qu'il rentre dans la boîte. Avec un crayon, perce un petit trou en bas, au milieu, sur un des bords de la boîte (voir p. 62-63).

8 Passe le nœud du ballon à travers le trou que tu as percé. Tu verras la drôle de tête que feront tes copains en voyant cette drôle de tête !

GALERIE DE PORTRAITS

Voici une galerie de portraits irrésistibles ! Tes drôles de bonshommes n'ont pas fini de t'amuser… et de se dégonfler doucement et de se rider !

Le « rigolo »

Colle maintenant le cadre (voir p. 24-25) sur la boîte. Et voilà que ton drôle de bonhomme épatera tes petits copains ! Tu peux l'accrocher au mur de ta chambre.

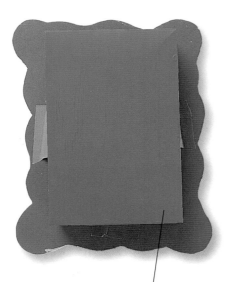

Pose ton cadre à l'envers et mets la boîte en carton dessus. Place-la sur le rectangle que tu avais dessiné. Scotche-la au cadre.

Peins les dents en blanc, et fais deux points blancs sur les yeux.

Peins des zigzags et des arabesques pour décorer ton cadre.

Pour une jolie finition, peins une bordure dorée avec des petits traits.

Monsieur Bricolo

Pour éviter que ton visage ne soit barbouillé, utilise un feutre indélébile. Il faut dessiner délicatement pour ne pas crever le ballon.

Utilise un feutre marqueur pour les sculptures de la frise.

Le vampire

Quatre morceaux de carton sont nécessaires pour fabriquer ce petit théâtre. Utilise du carton rouge pour les rideaux et du doré pour la scène et la frise du haut.

Petites bandes de carton doré.

Colle d'abord les deux rideaux sur la boîte avant de mettre la scène et la frise.

Ce sont les traits au feutre noir qui donnent l'illusion des plis dans les rideaux.

Monsieur Bricolo

Choisis une couleur de ballon qui se marie bien avec ton personnage. Par exemple, le vert va au vampire, le blanc au dalmatien auquel tu ajoutes de grosses taches noires !

Ces traces de peinture blanche donnent l'illusion du reflet sur les vitres.

L'extraterrestre

Dessine et découpe dans du carton un vaisseau spatial. Peins-le à la gouache ou avec de la peinture acrylique. Sur un ballon argenté, dessine un visage d'extraterrestre avec un feutre indélébile. Peins le nez à l'acrylique.

Cette drôle de créature s'accroche en haut d'une boîte carrée.

TOUT SOURIRE

Pour préparer un anniversaire ou une fête, tu peux décorer ta pièce de mille et une façons. Ces étranges créatures accrochées mettront de l'ambiance.

Fabrication

Fournitures

Journaux

Papier crépon

Ficelle

Peinture

Agrafeuse

Ciseaux

Pinceau

Feutre marqueur

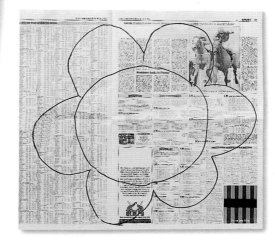

Pour consolider les endroits fragiles, agrafe entre les pétales vers l'intérieur.

1 Etale deux grandes feuilles de papier journal l'une sur l'autre. Avec un feutre, trace le contour d'une fleur. Découpe-la en double épaisseur.

2 Tiens les deux fleurs ensemble et agrafe les bords, tout du long. Laisse une ouverture assez grande pour passer la main.

Fais attention à ne pas déchirer la fleur en la bourrant de papier journal.

Les pétales sont jaune vif et le cœur orange.

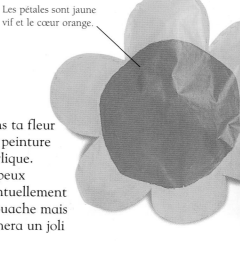

3 Pour donner du volume à ta fleur, rembourre-la de petits bouts de papier journal. Commence par les pétales. Ferme la fleur avec une agrafe.

4 Peins ta fleur à la peinture acrylique. Tu peux éventuellement utiliser de la gouache mais l'acrylique donnera un joli fini brillant.

N'oublie pas les petites touches de blanc qui donnent des reflets aux yeux et au nez.

Utilise un feutre noir pour les traits du visage.

Remplis cette drôle de bête avec du papier journal en laissant plat l'endroit des yeux.

Drôle de bestiole !

Cette bestiole avec ces deux gros yeux éteints et cette grimace fatiguée a l'air endormie. Parfait pour mettre au-dessus de ton lit !

Super pâquerette

Lorsque la peinture est sèche, il ne te reste plus qu'à dessiner un visage amusant. Tu peux alors l'accrocher sur ta porte ou au plafond ou tout simplement au mur.

Pour faire la tige, prends une banderole de papier crépon et attache-la en bas à l'un des pétales.

Pour pouvoir accrocher ta fleur, perce un petit trou en haut entre deux pétales. Passe une ficelle dans le trou et fais un nœud.

Panique à bord !

Pour remplir ce monstre, prévois une grande ouverture. Puis dessine des sourcils broussailleux, des yeux malins et des crochets venimeux !

LE PENSE-PAS-BÊTE !

Pour les étourdis qui oublient les rendez-vous chez le dentiste
et égarent les papiers importants, voici ce qu'il faut…

Fournitures

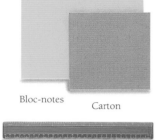

Bloc-notes

Carton

Règle

Peinture

Aimants★

Scotch

Colle P.V.A.

Ciseaux

Pinceau

Feutre marqueur

Fabrication

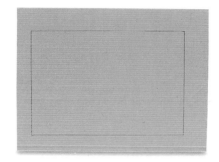

1 Pose un bloc-notes sur une feuille de carton épais. Maintiens-le en place et passe un crayon à papier tout autour pour tracer un rectangle.

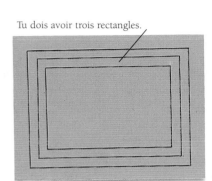

Tu dois avoir trois rectangles.

2 A l'intérieur, à 2 cm de la marge, trace un autre rectangle à la règle. A l'extérieur du premier rectangle, trace un troisième rectangle.

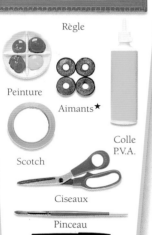

Coupe et enlève l'intérieur du plus petit rectangle.

3 Les trois rectangles que tu as tracés délimitent ta bordure et l'intérieur du cadre. En t'appuyant sur ces lignes, dessine au feutre une bordure originale et amusante pour ton cadre.

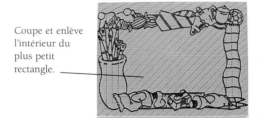

4 Tu peux dessiner ce qui te passe par la tête, aussi bien un cortège de princesses ou de footballeurs, une guirlande de bonbons ou une fresque sportive. Tu peux également choisir une enseigne avec ton prénom en haut. Cependant, il faut que chaque motif dépasse la ligne centrale à l'intérieur et à l'extérieur d'au moins 2 cm.

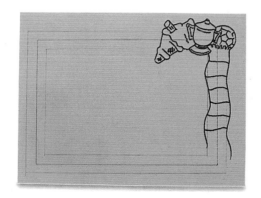

★*Tu peux te procurer des aimants dans les magasins de bricolage.*

Vérifie le bon côté de l'aimant avant de coller.

5 Lorsque tu as dessiné ta bordure et qu'elle te plaît, découpe puis peins ou colorie les motifs aux crayons ou aux feutres. Repasse un trait au feutre noir pour faire ressortir chaque détail.

6 Quand ton cadre est terminé et sec, retourne-le et colle à chaque angle des petits aimants dans le bon sens. Pour éviter les mauvaises surprises, il est plus sage de vérifier le bon côté aimanté avant de coller.

Aide-mémoire

Ce joli cadre magnétique t'aidera à garder en mémoire tes rendez-vous importants ou te permettra de mettre en valeur une carte postale ou une photo que tu aimes.

Pour que la bordure soit jolie, il faut veiller à ce que tous les motifs de ton cadre soient liés les uns aux autres de manière continue.

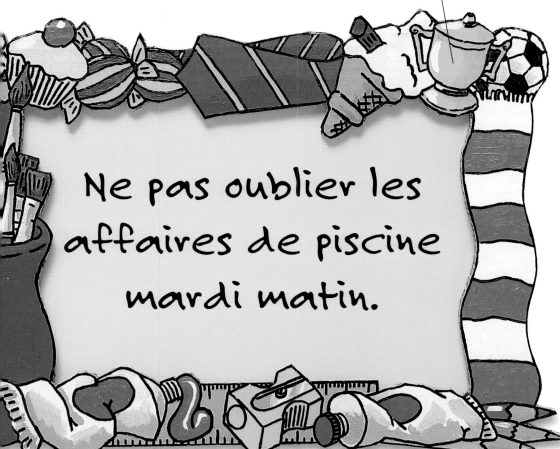

Ne pas oublier les affaires de piscine mardi matin.

Rendez-vous chez le dentiste mercredi à 16 heures

Version B.D.

Ce cadre magnétique version B.D., avec sa grande bouche dentée, est parfait pour noter les rendez-vous du dentiste !

Monsieur Bricolo

Rien de plus facile que de vérifier tes aimants ; s'ils sont du bon côté, ils adhèrent au frigo, sinon ils glissent et tombent.

BOÎTE À MALICE

Boîte à malice, boîte à trésors, coffret à bonbons ou joli cadeau, voilà de quoi t'inspirer pour fabriquer ces boîtes aux drôles de couvercles !

Fabrication

Fournitures

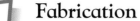

Journaux

Film alimentaire transparent

Bols (2)   Papier toilette

Mélange de colle   Peinture

Ciseaux

Pinceau

Feutre marqueur

Replie le film transparent sur le bord extérieur du bol.

Pour faire le couvercle de ta boîte, tapisse l'intérieur de l'un des bols.

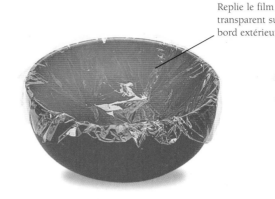

1 Pour fabriquer ta boîte, il te faut des moules. Prends deux bols de même taille, sans bord. Tapisse l'intérieur du premier de film transparent.

2 Trempe des morceaux de journaux dans ton mélange de colle et tapisse l'intérieur du bol. Il faut quatre ou cinq couches de papier.

Lorsque c'est sec, tu dois pouvoir retirer ton bol en papier de son moule.

Utilise l'extérieur du second bol pour faire le fond de ta boîte.

3 Retourne le deuxième bol. Recouvre l'extérieur de film transparent. Colle plusieurs couches de papier journal et de mélange P.V.A. Laisse sécher toute une nuit.

4 Lorsque tes bols sont secs, enlève-les de leurs moules en tirant délicatement sur le plastique. Pour avoir des bords droits et nets, égalise-les aux ciseaux.

Farces et attrapes

Peins ta boîte et son couvercle avec de la peinture acrylique ou de la gouache. Tu peux inventer une multitude d'expressions « tordantes » ! Voici quelques exemples…

Les petits points blancs dans les yeux ajoutent une note de malice.

On peut garnir la boîte de bonbons.

La loucheuse

Ce sont les lunettes, le regard convergent et les grandes dents qui assureront le succès de cette ravissante boîte !

C'est le nez qui sert de poignée au couvercle !

N'oublie pas de peindre également l'intérieur de la boîte.

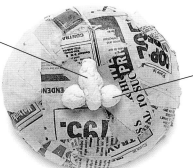

Positionne bien le nez au milieu du couvercle.

N'oublie pas les petites boules sur le côté pour les narines.

5 Fais des petites boules de papier toilette, trempe-les dans ton mélange de colle et égoutte-les. Place-les du bout des doigts et colle-les de manière à faire un nez sur le couvercle. Laisse sécher.

6 Sur le couvercle, dessine les traits du visage au feutre noir. Pour faire quelque chose d'amusant, il faut se laisser aller ! Tout est permis ! N'oublie pas les cheveux en haut du couvercle. Il ne te reste plus qu'à peindre le tout.

MÉNAGERIE EN 3-D

Tous tes petits copains et tes petites copines tapissent le mu de leur chambre avec des posters. Démarque-toi d'eux en affichant d'étonnants animaux en 3-D !

Fabrication

Fournitures

Carton blanc

Serviettes de table en papier

Coton   Mélange de colle

Crayon

Ciseaux

Pinceau

Feutre marqueur

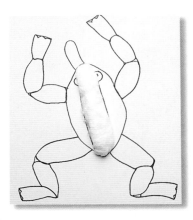

Effiloche suffisamment de coton pour couvrir toute la surface des sections.

1 Sur du carton, dessine par exemple une grenouille et divise-la en deux parties. Passe une couche de ton mélange P.V.A. sur une moitié et colle du coton effiloché.

2 Déchire des bouts de serviettes en papier de couleur et mets-les de manière à recouvrir chaque section. Lorsque le papier est bien en place, rentre les bords et colle-les.

Pour les yeux, des petits bouts de coton roulés dans un morceau de serviette en papier blanc seront parfaits.

Choisis un petit morceau de serviette rouge vif pour la langue.

3 Procède ainsi séparément pour chaque section du corps et par couleur jusqu'à ce que tu aies couvert tout l'animal. Rentre les bouts de serviette de couleur sur les bords et colle-les.

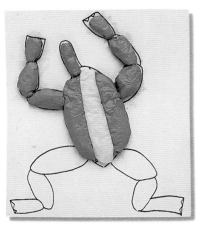

4 Lorsque le corps est terminé, attaque-toi aux yeux et à la bouche. Laisse sécher toute une nuit. Découpe ensuite l'animal aux ciseaux, délicatement, de manière à ne pas déchirer les bords.

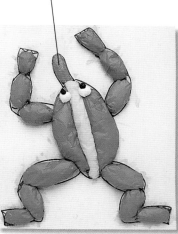

Rainette acrobate

Pour donner un bel aspect brillant à ta grenouille, passe une couche de colle P.V.A. Il ne te reste plus qu'à accrocher l'animal pour vérifier ses prouesses ! (voir p. 62-63)

Rainette aquatique

Sur une feuille de carton couleur des étangs, peins des vagues ou des reflets sur l'eau.

Sacré Jacquot !

La taille et les couleurs de ce perroquet seront idéales pour une image 3-D. Même la branche sur laquelle il se perche est en 3-D !

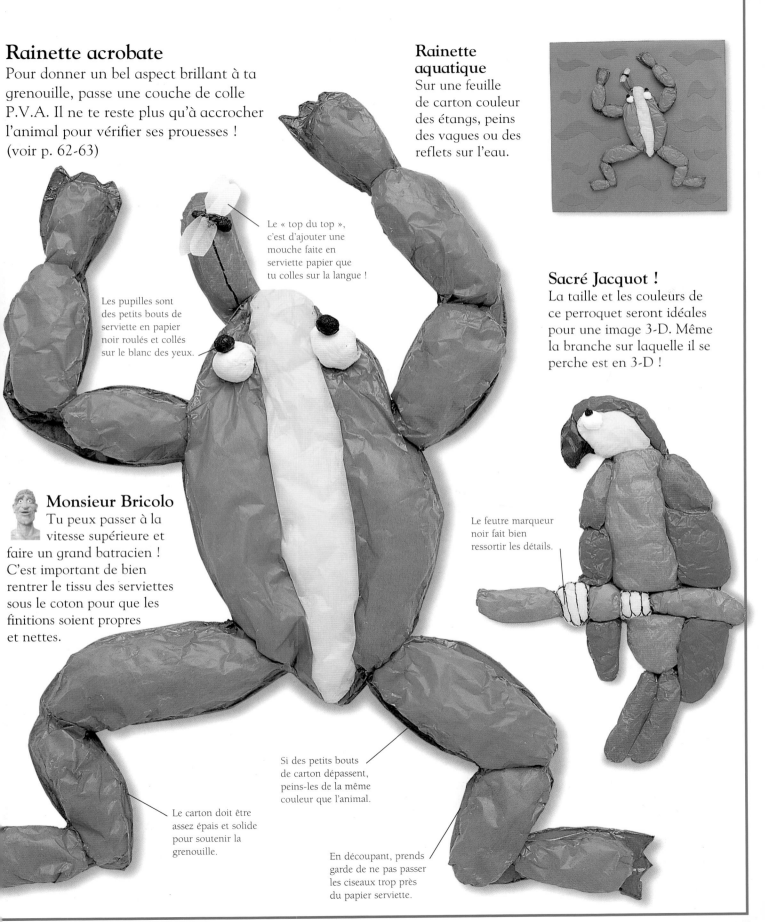

Le « top du top », c'est d'ajouter une mouche faite en serviette papier que tu colles sur la langue !

Les pupilles sont des petits bouts de serviette en papier noir roulés et collés sur le blanc des yeux.

Monsieur Bricolo

Tu peux passer à la vitesse supérieure et faire un grand batracien ! C'est important de bien rentrer le tissu des serviettes sous le coton pour que les finitions soient propres et nettes.

Le feutre marqueur noir fait bien ressortir les détails.

Le carton doit être assez épais et solide pour soutenir la grenouille.

Si des petits bouts de carton dépassent, peins-les de la même couleur que l'animal.

En découpant, prends garde de ne pas passer les ciseaux trop près du papier serviette.

35

POISSONS FÉROCES

Pour ceux qui rêvent d'avoir dans la chambre des animaux monstrueux et féroces, voici un poisson qui a tout pour plaire !

Fournitures

Boîte en carton   Journaux

Peinture   Fil de Nylon   Mélange de colle

Scotch   Papier toilette

Ciseaux

Pinceau

Feutre marqueur

Fabrication

1 Prends un journal entier. Ouvre-le et roule-le sur sa longueur pour obtenir un tube. Scotche-le à l'intérieur.

Le Scotch ne doit pas se voir à l'extérieur.

Colle le bout plié avec du Scotch.

Les boules de papier sont destinées à être les yeux.

2 Plie ton rouleau en deux de manière à ce qu'un bout soit légèrement plus long que l'autre. Sur le plus grand bout, colle deux boules de papier journal sur le devant.

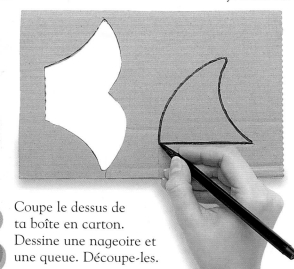

3 Coupe le dessus de ta boîte en carton. Dessine une nageoire et une queue. Découpe-les.

4 Scotche solidement la nageoire et la queue en carton sur le tube, comme le montre le dessin.

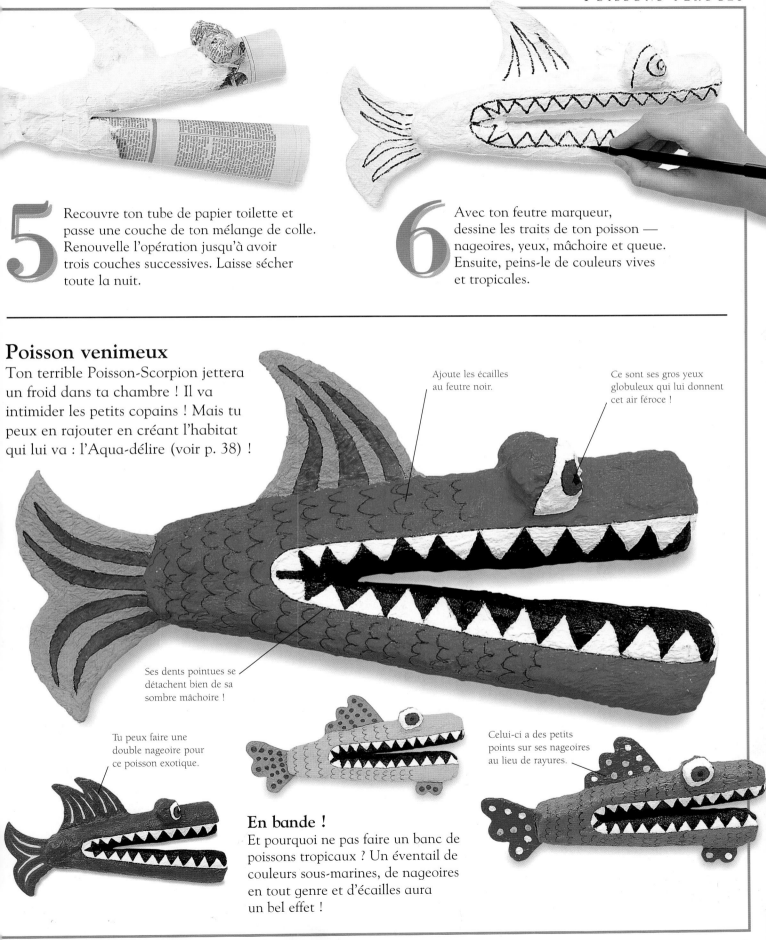

5 Recouvre ton tube de papier toilette et passe une couche de ton mélange de colle. Renouvelle l'opération jusqu'à avoir trois couches successives. Laisse sécher toute la nuit.

6 Avec ton feutre marqueur, dessine les traits de ton poisson — nageoires, yeux, mâchoire et queue. Ensuite, peins-le de couleurs vives et tropicales.

Poisson venimeux

Ton terrible Poisson-Scorpion jettera un froid dans ta chambre ! Il va intimider les petits copains ! Mais tu peux en rajouter en créant l'habitat qui lui va : l'Aqua-délire (voir p. 38) !

Ajoute les écailles au feutre noir.

Ce sont ses gros yeux globuleux qui lui donnent cet air féroce !

Ses dents pointues se détachent bien de sa sombre mâchoire !

Tu peux faire une double nageoire pour ce poisson exotique.

Celui-ci a des petits points sur ses nageoires au lieu de rayures.

En bande !

Et pourquoi ne pas faire un banc de poissons tropicaux ? Un éventail de couleurs sous-marines, de nageoires en tout genre et d'écailles aura un bel effet !

AQUA-DÉLIRE

Maintenant que tu as ces poissons tropicaux, il faut leur faire de beaux fonds sous-marins ! Cet aquarium un peu délirant est juste ce qu'il leur faut !

Fabrication

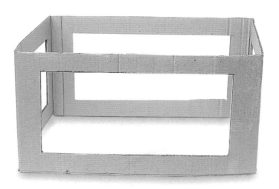

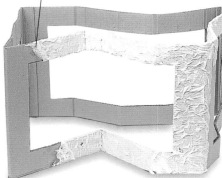

Couvre également l'intérieur de l'aquarium avec du papier toilette et le mélange de colle.

Délire sous-marin !

Ton aquarium aura une place d'honneur sur les étagères de ta chambre. En poussant délicatement tes poissons tropicaux, tu les verras même nager !

1 Prends une boîte en carton. Découpe et enlève le dessus et le fond. Dessine un grand rectangle sur chaque côté de la boîte. Découpe ces quatre rectangles, comme le montre la photo.

2 Assouplis les côtés pour enlever la rigidité au carton et lui donner une forme de vague. Recouvre les côtés de papier toilette et de ton mélange de colle. Laisse sécher toute une nuit.

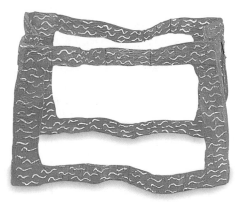

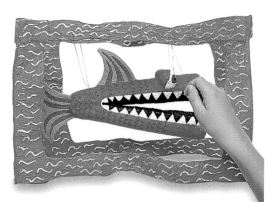

3 En séchant, le carton de l'aquarium va durcir. Peins-le en bleu océan. Ajoute au pinceau des vaguelettes blanches ou couleur argent histoire de créer des remous dans tes fonds sous-marins !

4 Passe deux fils de Nylon, l'un autour de la mâchoire supérieure, l'autre autour de la queue. Accroche tes deux fils sur le bord supérieur de ton aquarium. Le fil de Nylon est invisible.

En famille !
Tu peux fabriquer des poissons plus petits et les mettre ensemble dans ton aquarium. Accroche-les à différentes hauteurs pour leur donner une chance de nager !

Monsieur Bricolo
La peinture acrylique donne un bel aspect. Mélangée à l'eau, elle est plus facile à étaler. Les mélanges de couleurs sont non seulement possibles mais recommandés pour les ombres et les remous !

Tu peux dessiner les vagues avec un stylo argenté.

Ce bleu vif donne l'impression de fonds tropicaux !

Ton poisson accroché doit pouvoir se balancer et voguer au milieu de l'aquarium !

Vérifie que tu as peint uniformément l'intérieur et l'extérieur de ton aquarium.

CRAYON GÉANT

Pour celles et ceux qui perdent toujours leurs crayons et leurs stylos, voici le remède miracle, celui qui ne disparaît jamais, le crayon géant !

Fabrication

Fournitures

Journaux
Cartons vides
de céréales

Règle

Scotch

Papier toilette

Ciseaux

Mélange de colle

Peinture

Pinceau

Gros marqueur

Feutre marqueur

Trace les traits à la règle pour avoir six sections bien droites.

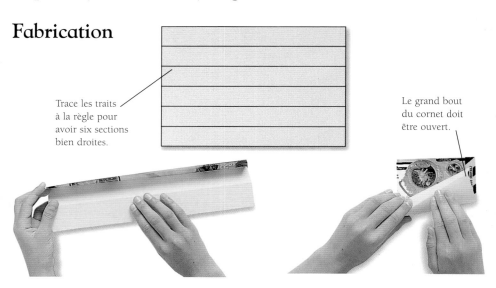

Le grand bout du cornet doit être ouvert.

1 Découpe le devant d'un paquet de céréales. Sur la face intérieure, trace au crayon six sections de taille égale. Plie le carton le long de ces six lignes. Joins et colle les deux dernières sections l'une sur l'autre.

2 Prends le dos du paquet et plie-le en quatre. Découpe un des quarts. Pour confectionner le bout du crayon, roule ton quart de carton en partant de l'un des angles. Forme un cornet, comme le montre la photo.

Egalise aux ciseaux le petit bout du cornet pour que le crayon s'ajuste parfaitement à l'intérieur.

3 Rentre ton cornet dans le futur crayon en carton. Positionne-le bien à l'intérieur et scotche-le solidement de manière à ce qu'il ne bouge plus.

4 Fais une ouverture aux ciseaux dans le bout du cornet et glisse le gros marqueur à l'intérieur. La mine et le bouchon du marqueur doivent dépasser de 1 cm du cornet.

Ce sont les boules de papier journal qui vont donner de la rigidité à ton crayon.

Attention de ne pas couvrir le bout du marqueur sinon tu ne pourras plus t'en servir !

Etale bien tes couches de papier pour avoir une surface lisse.

5 Remplis l'autre côté de ton tube de boules serrées de papier journal. Pousse-les jusqu'au bout avec une règle et tasse-les bien. Scotche le bout lorsque c'est terminé afin que le bourrage de papier reste en place.

6 Passe une couche de ton mélange de colle tout le long des parois du crayon. Colle des couches de papier toilette dessus. Insiste sur le cornet. Laisse sécher toute une nuit.

C'est parti !

Une fois dur et sec, ton crayon est presque prêt à l'emploi ! Peins-le avec de la gouache ou de la peinture acrylique. Laisse sécher. Tu peux essayer ton crayon géant !

Lorsque la peinture est sèche, fais les finitions au marqueur noir.

Pourquoi ne pas personnaliser ton crayon en écrivant tes initiales ou ton nom sur un côté ?

Ce sont ces finitions au feutre noir qui donnent un air authentique au crayon géant.

Pourquoi ne pas ajouter une petite bande de papier d'aluminium au bout avec une fausse gomme peinte en rouge ?

s le bout en ngeant de l'orange u blanc pour une itation bois ».

Utilise le même mélange de peinture « imitation bois » pour l'autre extrémité. Le rond au marqueur noir imite la mine !

Accroche-toi !

Tu vas impressionner les petits copains en écrivant avec ton crayon géant. Mais au début, l'avoir bien en main ne sera pas facile. Entraîne-toi auparavant.

TROPHÉE DE CHAMPION

Tu as peut-être une petite copine ou un petit copain qui vient de passer un examen particulièrement difficile ? Voilà le trophée bien mérité que tu vas lui remettre !

Fourniture

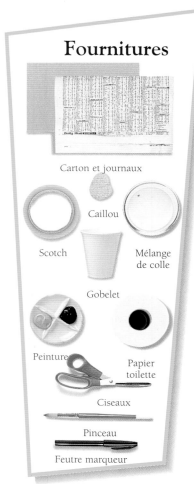

Carton et journaux

Caillou

Scotch

Mélange de colle

Gobelet

Peinture

Papier toilette

Ciseaux

Pinceau

Feutre marqueur

Fabrication

Il faut mettre le pouce en l'air pour que ton trophée ait l'expression « bravo ».

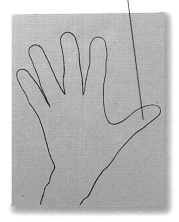

Confectionne un petit coussin de papier journal pour la paume de la main.

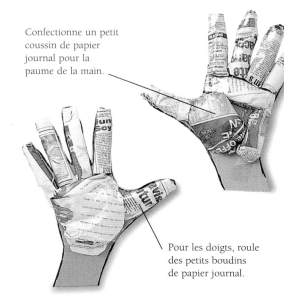

Pour les doigts, roule des petits boudins de papier journal.

1 Dessine une main en posant la tienne sur une feuille de carton et en passant un trait de feutre tout autour. Inclus 5 cm de ton poignet. Découpe la main de carton.

2 Il faut rembourrer les deux côtés de la main avec du papier journal froissé et comprimé. Insiste sur la paume et les doigts. Aplatis et réunis les morceaux de journal en les scotchant.

3 Replie les doigts sur la paume. Force les jointures en les pliant, à la base de la paume et au milieu des doigts. Immobilise et scotche la main dans cette position.

Attention ! Il faut plier les quatre doigts mais pas le pouce !

4 Pose un gobelet à l'envers sur une feuille de carton épais. Scotche-le sur le carton. Enlève le fond du gobelet. Et pratique deux entailles de 3 cm environ sur chaque côté.

C'est le gobelet qui va être la base du trophée.

5 Pour donner du poids au socle, place un gros caillou au fond du gobelet. Enfonce du papier journal pour maintenir le caillou en place. Glisse la main en carton dans les deux fentes du gobelet.

6 Immobilise la main dans le socle en mettant beaucoup de Scotch. Passe deux fois de suite une couche de papier toilette et ton mélange de colle. Laisse sécher toute une nuit.

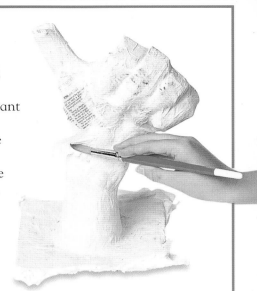

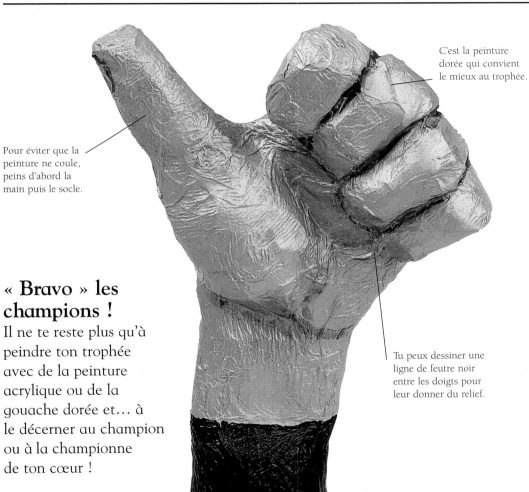

C'est la peinture dorée qui convient le mieux au trophée.

Pour éviter que la peinture ne coule, peins d'abord la main puis le socle.

« Bravo » les champions !

Il ne te reste plus qu'à peindre ton trophée avec de la peinture acrylique ou de la gouache dorée et… à le décerner au champion ou à la championne de ton cœur !

Peins le socle en noir.

Tu peux dessiner une ligne de feutre noir entre les doigts pour leur donner du relief.

Monsieur Bricolo
Si tu veux éviter d'acheter de la peinture dorée, fais un mélange, à la place, de jaune et d'orange.

Médaille d'argent
Ce trophée a été peint couleur argent pour récompenser le champion n° 2.

43

BIJOUX BRANCHÉS

Pas besoin de diamants ni de rubis pour faire de beaux bijoux ! Tu peux réaliser de superbes colliers, bracelets et broches avec des sacs-poubelles et du carton !

Fournitures

Papier cadeau

Sac-poubelle

Bol d'eau

Scotch

Ruban papier kraft ★

Peinture

Colle P.V.A.

Ciseaux

Pinceau

Fabrication

Roule le sac dans le sens de la longueur.

1 Prends un sac-poubelle, comme ceux que tu trouves en supermarché. Roule-le de manière à avoir une longue saucisse.

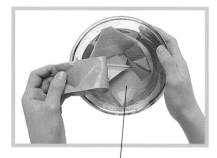

Laisse tremper dans un bol des bouts de ruban adhésif en papier kraft. Ne t'inquiète pas si c'est trop mouillé.

2 Tortille la saucisse autour de ta main pour faire un anneau. Maintiens-la en position et scotche-la.

C'est plus facile d'utiliser plusieurs petits morceaux de ruban kraft qu'un seul grand.

Colle de jolis morceaux provenant de restes de papier cadeau.

3 Pose des petits morceaux de ruban kraft mouillé tout autour du bracelet en pressant bien. Puis entoure-le de trois couches successives de Scotch. Laisse sécher.

4 Peins le bracelet avec de la peinture acrylique et décore-le en collant de jolis morceaux de papier. Lorsque c'est sec, passe une couche de P.V.A. pour lui donner du brillant.

★*On trouve le ruban papier kraft dans les papeteries spécialisées.*

Chic et choc

Qui eût cru qu'à partir d'un
sac-poubelle, tu pouvais créer
de superbes bracelets dignes
des designers les plus en vogue ?
A partir de papier et de carton
de récupération et d'images de magazines,
tu peux te lancer dans bien d'autres
créations originales.

Tous les petits
détails sont faits
au feutre noir.

Enfile tes perles
sur une jolie
ficelle ou sur du
fil de couleur.

Bijou exotique

Pour cette « broche-
oiseau », il faut
procéder de la même
manière que pour les
deux poissons. Tu
peux créer d'autres
motifs mais les
formes les plus
simples sont les plus
faciles à réaliser.

Tu peux décorer tes bracelets
avec des bouts de serviettes en
papier, du papier d'aluminium
ou même encore avec des
papiers de bonbons.

Parure de fête

Pourquoi ne pas fabriquer des perles et
avoir ainsi le bracelet coordonné au
collier ? Mets plusieurs couches de
ruban kraft adhésif mouillé autour de
ton doigt. Retire-les du doigt et laisse
sécher. Peins-les et décore-les.

Tu peux faire un bracelet en
mélangeant les perles de
couleur et en variant leur
forme. Tu peux aussi les
peindre spécialement pour
avoir un bijou coordonné à ton
vêtement préféré. Super chic !

Des broches d'enfer !

Ces jolies broches sont faciles à
réaliser. Dessine la silhouette d'un
petit poisson sur un morceau de
carton épais. Découpe-la. Colle
dessus du papier journal.
Ensuite, suis les phases de
fabrication n° 3 et 4.

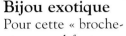 ### Monsieur Bricolo

Pour transformer
tes animaux en broches,
mets du Scotch derrière
une épingle de nourrice.

DRAGON DE FÊTE

L a prochaine fois que tu te rends à un anniversaire ou à une fête récupère tous les gobelets usagés que la maîtresse de maison jettera… pour ton dragon !

Fournitures

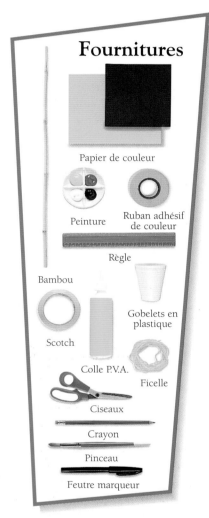

Papier de couleur

Peinture

Ruban adhésif de couleur

Règle

Bambou

Gobelets en plastique

Scotch

Colle P.V.A.

Ficelle

Ciseaux

Crayon

Pinceau

Feutre marqueur

Fabrication

Le premier nœud doit être à l'intérieur du premier gobelet.

Il faut faire le second nœud juste à la base du gobelet.

1 Récupère vingt gobelets en plastique, propres. Perce un trou au fond de chaque gobelet avec la mine d'un crayon.

2 Prends une longue ficelle et fais un nœud au bout. Passe-la à l'intérieur, par le trou du premier gobelet. Fais un autre nœud de l'autre côté.

Utilise un feutre pour marquer l'emplacement du prochain nœud.

Colle les yeux du dragon ici.

Colle deux gobelets ensemble pour faire les yeux.

Tu dois avoir un nœud de chaque côté, au fond du gobelet.

3 Noue un nœud à 6 cm du premier gobelet. Passe la ficelle dans un second gobelet et refais un nœud. Répète l'opération avec les gobelets suivants tous les 6 cm.

4 Prends deux autres gobelets et colle-les ensemble ou agrafe-les. Mets une grosse quantité de Scotch sous les deux gobelets et attache-les à l'avant-dernier gobelet du corps du dragon.

Un monstre coloré

Ne laisse pas ton dragon tout nu, tout blanc ! Peins-le avec de la peinture acrylique ou de la gouache mélangée à de la P.V.A.

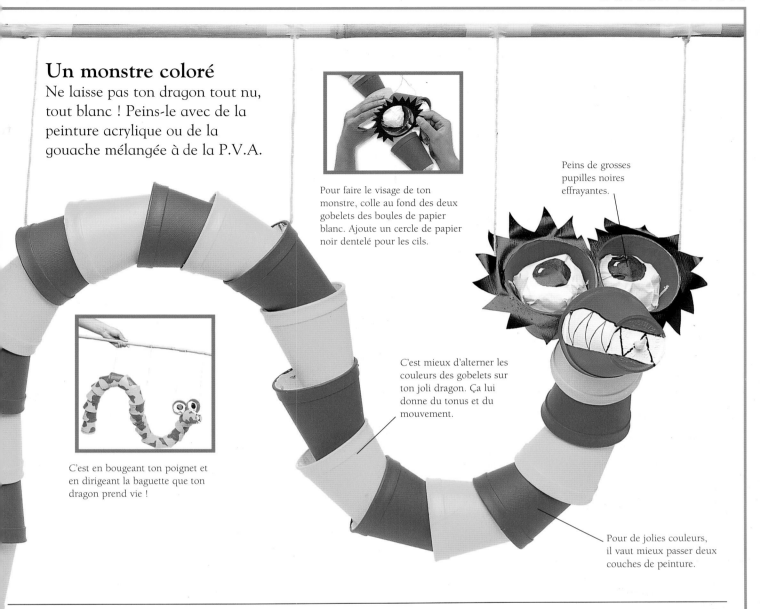

Pour faire le visage de ton monstre, colle au fond des deux gobelets des boules de papier blanc. Ajoute un cercle de papier noir dentelé pour les cils.

Peins de grosses pupilles noires effrayantes.

C'est en bougeant ton poignet et en dirigeant la baguette que ton dragon prend vie !

C'est mieux d'alterner les couleurs des gobelets sur ton joli dragon. Ça lui donne du tonus et du mouvement.

Pour de jolies couleurs, il vaut mieux passer deux couches de peinture.

Monstre-marionnette

1 Prends une ficelle que tu enfileras dans les yeux. Laisse deux longs bouts dépasser à chaque extrémité.

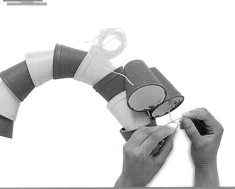

2 Passe une deuxième ficelle au milieu du corps pour le faire onduler.

3 Passe une troisième ficelle dans la queue du dragon. Si c'est un long dragon, passes-en une quatrième. Attache-les à la baguette avec du Scotch.

POUBELLE MAGIQUE

Voici une solution géniale et drôle pour te débarrasser enfin de tous les papiers qui jonchent le sol de ta chambre. Cette poubelle magique avale littéralement les ordures !

Fabrication

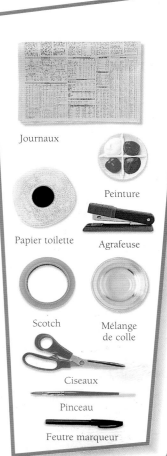

Journaux

Peinture

Papier toilette

Agrafeuse

Scotch

Mélange de colle

Ciseaux

Pinceau

Feutre marqueur

1 Prends deux journaux et ouvre-les aux pages du milieu. Scotche toutes les pages ensemble, comme sur la photo.

Attention aux doigts avec l'agrafeuse !

2 Place les journaux ouverts l'un sur l'autre, aux pages du milieu. Agrafe-les ensemble sur les côtés.

Il faut couvrir la poubelle entière, y compris le bord et les yeux avec ton mélange de colle et de Sopalin.

Il faudra trois pages de journal pour chaque œil.

5 Place la saucisse de papier à cheval sur le bord et scotche-la tout autour. Fais deux boules de papier journal pour faire les yeux et scotche-les en haut du bord.

6 Peins toute la poubelle avec ton mélange de colle. Recouvre-la de Sopalin et repasse une bonne couche de mélange de colle par-dessus.

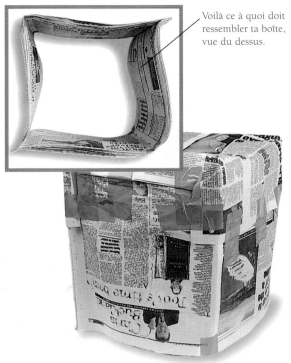

Voilà ce à quoi doit ressembler ta boîte, vue du dessus.

Pour faire une saucisse, prends six pages d'un journal, roule-les et scotche-les aux deux bouts.

Il faut scotcher les deux extrémités l'une sur l'autre.

3 Ouvre les journaux comme le montre la photo. Pose-les debout. Place délicatement un troisième journal dessus pour faire une sorte de couvercle et scotche-le replié sur les côtés.

4 Fabrique deux grandes saucisses avec un journal pour faire les lèvres de ton avaleur d'ordures ! Place-les à l'intérieur de la poubelle, juste au bord, en juxtaposant et en scotchant les deux extrémités.

Pousse ce bord vers le bas.

7 Avant que la poubelle ne sèche, travaille le bord encore humide pour qu'il prenne la forme d'une bouche avec des lèvres. Laisse ensuite sécher.

8 Quand la poubelle est sèche, dessine au marqueur les deux gros yeux noirs, la bordure des lèvres et les détails comme les pupilles.

MONSTRE-AVALEUR !

E t voilà le monstre ! Glisse-le sous ton bureau ou… encore mieux, expose-le dans un endroit stratégique où tu pourras lancer de loin tes papiers… histoire de voir s'il avale vite !

Du sang !
Le plus amusant est de peindre ta poubelle. Choisis des couleurs vives et monstrueuses ! Rouge sang ou vert vampire seront des teintes parfaites ! Pour cela, il faut de la peinture acrylique ou de la gouache.

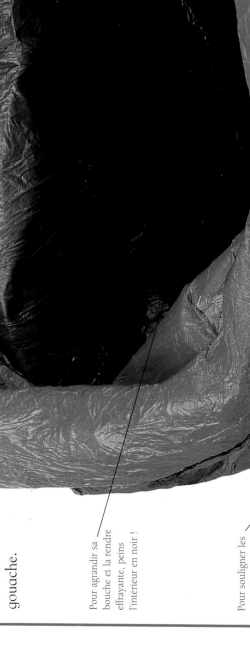

Peins les yeux en bleu. Attends que ce soit sec pour ajouter des détails au marqueur noir.

La bouche doit être rouge vif… et sanguinolente !

Pour agrandir sa bouche et la rendre effrayante, peins l'intérieur en noir !

Pour souligner les rides de ton monstre, peins les creux et les bosses avec une peinture plus sombre !

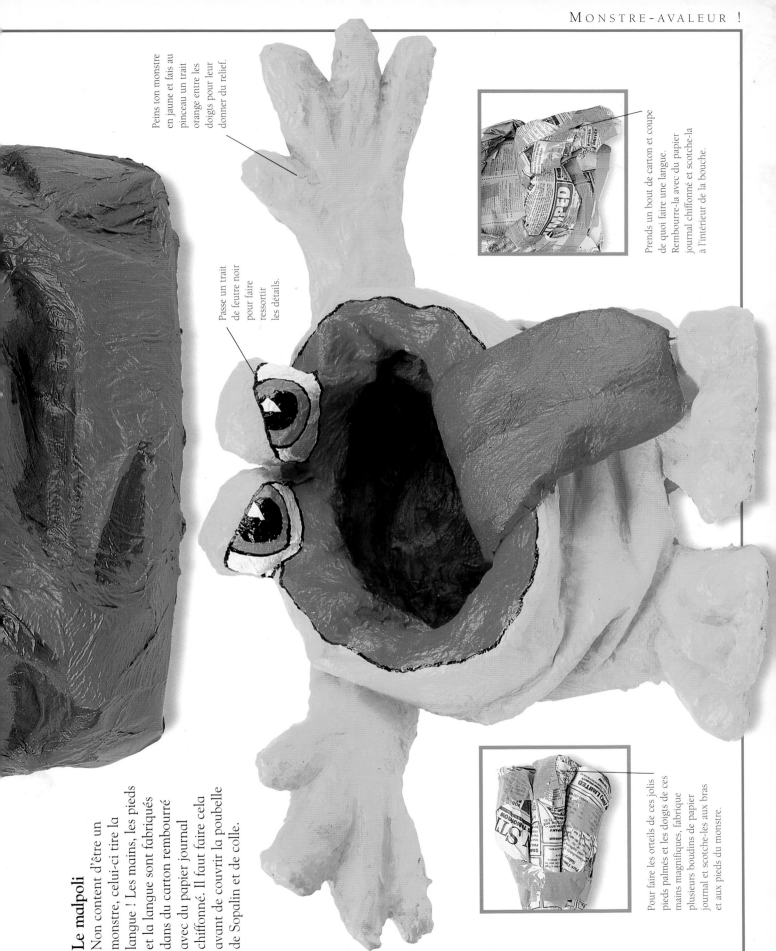

Peins ton monstre en jaune et fais au pinceau un trait orange entre les doigts pour leur donner du relief.

Prends un bout de carton et coupe de quoi faire une langue. Rembourre-la avec du papier journal chiffonné et scotche-la à l'intérieur de la bouche.

Passe un trait de feutre noir pour faire ressortir les détails.

Le malpoli
Non content d'être un monstre, celui-ci tire la langue ! Les mains, les pieds et la langue sont fabriqués dans du carton rembourré avec du papier journal chiffonné. Il faut faire cela avant de couvrir la poubelle de Sopalin et de colle.

Pour faire les orteils de ces jolis pieds palmés et les doigts de ces mains magnifiques, fabrique plusieurs boudins de papier journal et scotche-les aux bras et aux pieds du monstre.

SCULPTURE D'ENFER

C'est fou ce qu'on peut faire avec du papier d'aluminium !
Voici de quoi réaliser de jolies petites fresques sculptées.

Fournitures

Carton

Papier d'aluminium

Colle P.V.A.   Peinture   Bâton de colle

Scotch   Papier toilette

Ciseaux

Règle

Pinceau

Feutre marqueur

Fabrication

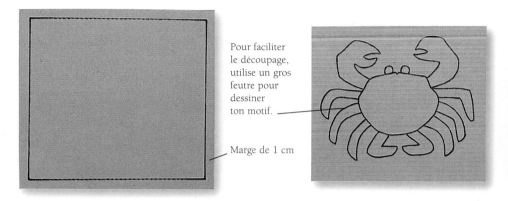

Pour faciliter le découpage, utilise un gros feutre pour dessiner ton motif.

Marge de 1 cm

1 Coupe deux carrés de carton d'environ 10 cm2. Sur le premier, dessine une marge à 1 cm du bord.

2 Découpe le bord sans le déchirer et enlève-le. Sur ton plus petit carton, dessine un motif qui couvre toute la surface du carré.

Trace autour de chaque section une double ligne qui te guide dans ton découpage.

3 Sectionne ton dessin par morceaux, comme te le montre la photo. Découpe-les et colle-les sur le deuxième carré de carton pour restituer ton motif.

4 Mets un filet de colle sur un côté du cadre en carton. Colle-le à ta plaque. Attention à bien positionner ce cadre de carton par rapport au support et au motif. Tout doit coïncider parfaitement.

5 Couvre complètement le cadre de P.V.A. Recouvre avec du papier alu. Avec du Sopalin, tamponne doucement l'aluminium pour faire rentrer la colle dans tous les creux et assurer une parfaite adhérence.

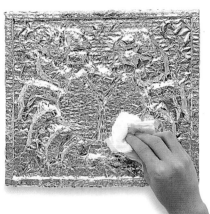

6 Passe sur tout ton cadre une couche de gouache assez liquide et couvre toute la surface. Ensuite, avec un peu de papier toilette, tamponne et éponge la peinture sur les motifs en relief.

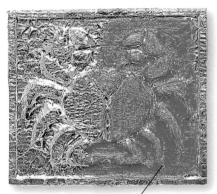

Insiste bien dans tous les petits coins avec la peinture.

Fresque marine

Et voilà la bête ! Ton petit chef-d'œuvre sur papier d'aluminium ! Tu peux l'accrocher dans ta salle de bain avec d'autres images de bords de mer. Mais tu peux également choisir d'autres thèmes, d'autres dessins. Tu peux graver tes initiales. Tout est permis !

Pour les yeux, le nez et les dents du squelette, des petits bouts de carton récupérés suffisent.

Tête de mort

Cet affreux squelette est fait avec des bouts de carton collés. Bleu marine, noir ou violet sont des couleurs recommandées pour une tête de mort !

Monsieur Bricolo

Numérote comme un puzzle chaque section du motif. Ça t'aidera à reconstituer ton dessin sur la plaque.

Si la feuille d'aluminium dépasse un peu des bords, replie-la de l'autre côté et scotche-la.

En enlevant la peinture, ton motif en relief est mis en valeur et brille.

CROC-PINCEAU

Voici ce qu'il te faut pour tenir ton pinceau mouillé et dégoulinant lorsque tu fais de la peinture ! Ce crocodile est l'accessoire parfait de tout artiste peintre !

Fabrication

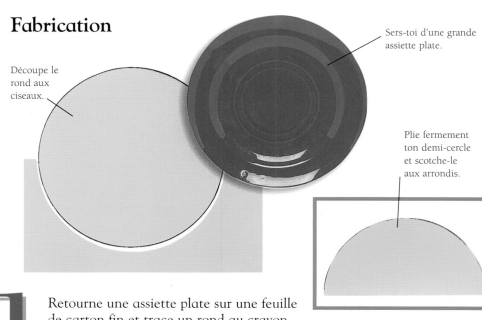

Découpe le rond aux ciseaux.

Sers-toi d'une grande assiette plate.

Plie fermement ton demi-cercle et scotche-le aux arrondis.

Fournitures

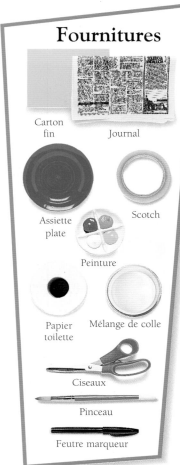

Carton fin

Journal

Assiette plate

Scotch

Peinture

Papier toilette

Mélange de colle

Ciseaux

Pinceau

Feutre marqueur

1 Retourne une assiette plate sur une feuille de carton fin et trace un rond au crayon tout autour. Découpe le carton et plie-le en deux pour obtenir un demi-cercle.

Aménage une petite ouverture dans le cône pour pouvoir y passer un pinceau.

Prépare des petites boules de papier journal pour les yeux et le nez.

2 Replie ton demi-cercle de façon à obtenir un cône. Fais chevaucher les bouts de 6-7 cm. Scotche-les pour donner sa forme au cône.

3 Prépare quatre boules de papier journal. Scotche deux boules pour les yeux à la base du cône et deux pour les narines à la pointe.

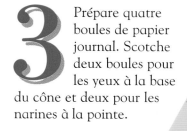

Ah ! Le croco !

Il ne te reste plus qu'à peindre ton croc-pinceau avec de l'acrylique qui résiste à l'eau. Une fois fini, tu peux même laisser les pinceaux couler !

Triple croco !

Dans ce croco à trois trous, tu peux aussi bien mettre les pinceaux que tes crayons ou stylos.

Utilise le marqueur noir pour faire ressortir les yeux, les dents et les narines.

Ces pustules sont vert foncé, rehaussées d'un trait de noir, avec un petit reflet blanc.

Si tu veux percer deux autres trous sur le côté, il faut le faire avant de couvrir le croco de colle et de papier toilette.

Peins la mâchoire supérieure en vert et la mâchoire inférieure en jaune.

4 Passe une couche de ton mélange de colle. Pose des morceaux de papier toilette. Repasse une couche de colle. Recouvre tout, le nez et les yeux compris.

Attention! Ne couvre pas le trou aménagé pour les pinceaux.

5 Laisse sécher toute la nuit. Dessine ensuite au marqueur les yeux, la bouche, les dents et les narines. Puis, peins le crocodile avec des couleurs vives et de belles dents blanches.

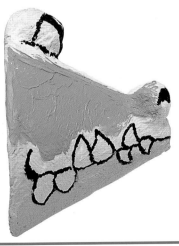

TROUSSE-FUSÉE

Si tu passes ton temps à chercher tes crayons, tes feutres et tes stylos, voici le remède à ton problème. Cette trousse spatiale assurera la sécurité de tes crayons !

Fabrication

Pour obtenir un cône, pars du coin.

Pour enlever le tube non coupé, fais-le glisser par l'intérieur.

Fournitures

Carton fin

Carton épais

Scotch

3 petits tubes de carton

Peinture

Mélange de colle

Papier toilette

Pinceau

Ciseaux

Feutre marqueur

1 Prends deux tubes et coupe-les sur toute la longueur. Mets un des tubes fendus sur un troisième tube non coupé. Scotche un bout de carton fin pour recouvrir la fente.

2 Prends le deuxième tube fendu. Roule-le en forme de cornet et scotche-le ainsi. Pour avoir une base nette, égalise le cornet aux ciseaux et colle-le en haut du tube cartonné.

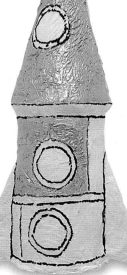

Coupe deux triangles dans les restes de carton pour faire les ailes. Scotche-les en bas de la fusée.

3 Fabrique deux triangles en carton pour faire les ailes de ta fusée et colle-les. Ensuite, recouvre complètement ta fusée du mélange de colle et de papier toilette. Laisse sécher.

4 Maintenant, tu peux peindre ta fusée. Fais d'abord les grands traits au feutre marqueur. Tu peux ajouter des hublots, des rivets et des vis. Passe ensuite à la couleur. Laisse sécher.

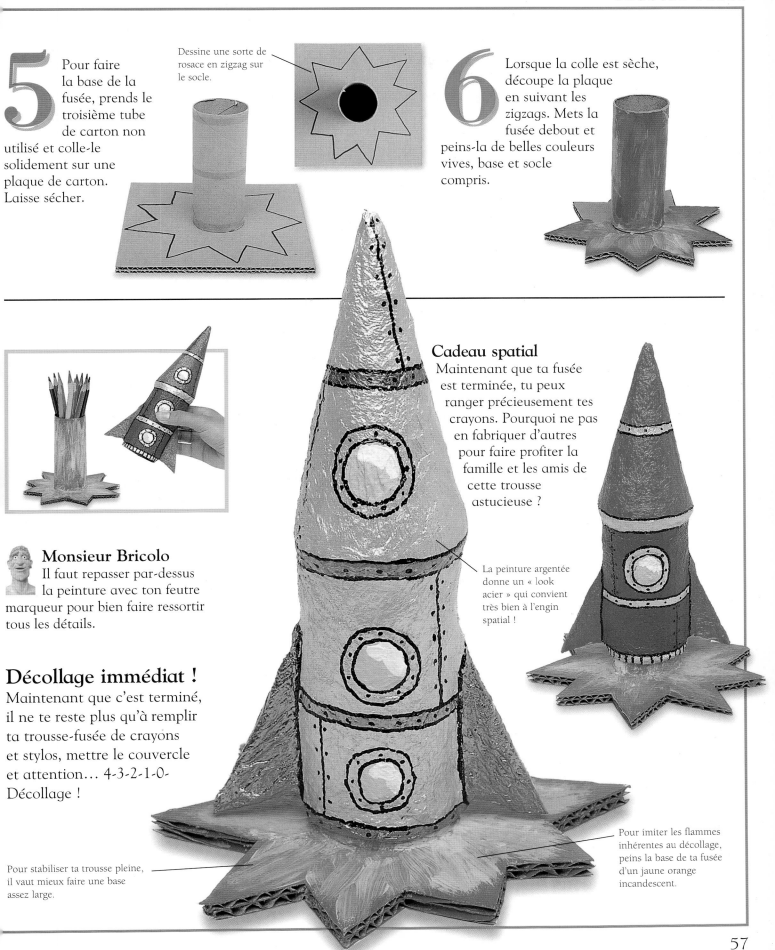

5 Pour faire la base de la fusée, prends le troisième tube de carton non utilisé et colle-le solidement sur une plaque de carton. Laisse sécher.

Dessine une sorte de rosace en zigzag sur le socle.

6 Lorsque la colle est sèche, découpe la plaque en suivant les zigzags. Mets la fusée debout et peins-la de belles couleurs vives, base et socle compris.

Monsieur Bricolo
Il faut repasser par-dessus la peinture avec ton feutre marqueur pour bien faire ressortir tous les détails.

Décollage immédiat !
Maintenant que c'est terminé, il ne te reste plus qu'à remplir ta trousse-fusée de crayons et stylos, mettre le couvercle et attention… 4-3-2-1-0- Décollage !

Cadeau spatial
Maintenant que ta fusée est terminée, tu peux ranger précieusement tes crayons. Pourquoi ne pas en fabriquer d'autres pour faire profiter la famille et les amis de cette trousse astucieuse ?

La peinture argentée donne un « look acier » qui convient très bien à l'engin spatial !

Pour stabiliser ta trousse pleine, il vaut mieux faire une base assez large.

Pour imiter les flammes inhérentes au décollage, peins la base de ta fusée d'un jaune orange incandescent.

57

SERRE-LIVRES

Si tu es las de voir dans ta chambre des montagnes de livres qui risquent l'effondrement à tout instant. Voilà ce qu'il te faut !

Fabrication

Fournitures

Colle P.V.A.   Journaux

Graviers

Papier toilette

Scotch

Peinture

Mélange de colle

Paquet de farine

Ciseaux

Pinceau

Feutre marqueur

Les jambes doivent être assez grosses pour maintenir le bonhomme droit.

1 Récupère un paquet en papier de 1 kg de farine. Remplis-le de petits graviers ou de cailloux pour lui donner du poids. Ferme le paquet et scotche-le bien.

2 Froisse des morceaux de papier journal pour faire deux boudins de papier en forme de « L » pour les jambes. Scotche-les fermement en bas du sachet.

Fais une minuscule boule de papier pour le nez.

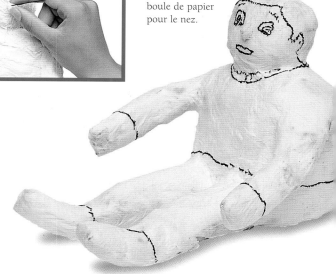

5 Recouvre ton bonhomme de papier toilette et étale ton mélange de colle avec un pinceau. Fais-le deux fois de suite. Le corps du bonhomme doit être parfaitement recouvert. Laisse sécher.

6 Tu peux peindre ton bonhomme quand il est sec. Avant de te lancer dans la peinture, dessine au feutre marqueur les traits de son visage ainsi que ses cheveux et esquisse ses vêtements.

Plie les bras pour faire les coudes, les poignets et les mains.

Pose les jambes devant le corps, en bas du sac.

La boule de papier doit avoir environ la taille de ton poignet.

3 Procède de la même manière pour le reste du corps. Fais deux longs boudins pour les bras et scotche-les sur le sac, en haut et de chaque côté.

4 Ensuite, fais une grosse boule de papier journal pour faire la tête. Entoure-la de Scotch pour qu'elle garde sa forme ronde. Scotche-la en haut du sac.

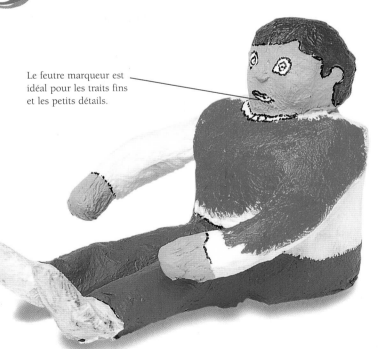

Le feutre marqueur est idéal pour les traits fins et les petits détails.

De fines rayures de feutre sur la tête donnent l'illusion des cheveux.

7 Maintenant, peins ton bonhomme avec de belles couleurs vives. N'oublie pas de peindre son dos ! Peins ses mains couleur chair et n'oublie pas de lui faire des chaussures !

8 Laisse sécher toute la nuit. Fais les finitions au feutre marqueur. Ensuite, dernière étape, passe une couche de P.V.A. pour donner à ton bonhomme un joli brillant.

JOLIE BIBLIOTHÈQUE

Pourquoi ne pas adapter tes serre-livres à ton style, à tes hobbies ou à tes héros ; une ballerine en tutu, un footballeur, un clown ou… ton autoportrait ?

Question déco

La question maintenant est de savoir où tu vas mettre ton serre-livres ? Sur quelle étagère sera-t-il le plus utile ? Mais aussi cet objet original doit participer à la décoration de ta chambre. Joindre l'utile à l'agréable…

Monsieur Bricolo

Tu peux utiliser des serre-livres pour autre chose que pour caler tes livres. Ils peuvent être utiles comme presse-papiers, par exemple ou pour bloquer une porte.

En famille

Un serre-livres sert à maintenir les livres sur les étagères ou par terre. Mais si tu as beaucoup de livres, fais-en plusieurs.

Ce personnage a l'air sorti tout droit d'une B.D. avec ses yeux ronds comme des billes et son nez-patate !

Il porte des chaussures de sport. C'est bien d'ajouter des petits détails comme ces semelles sculptées !

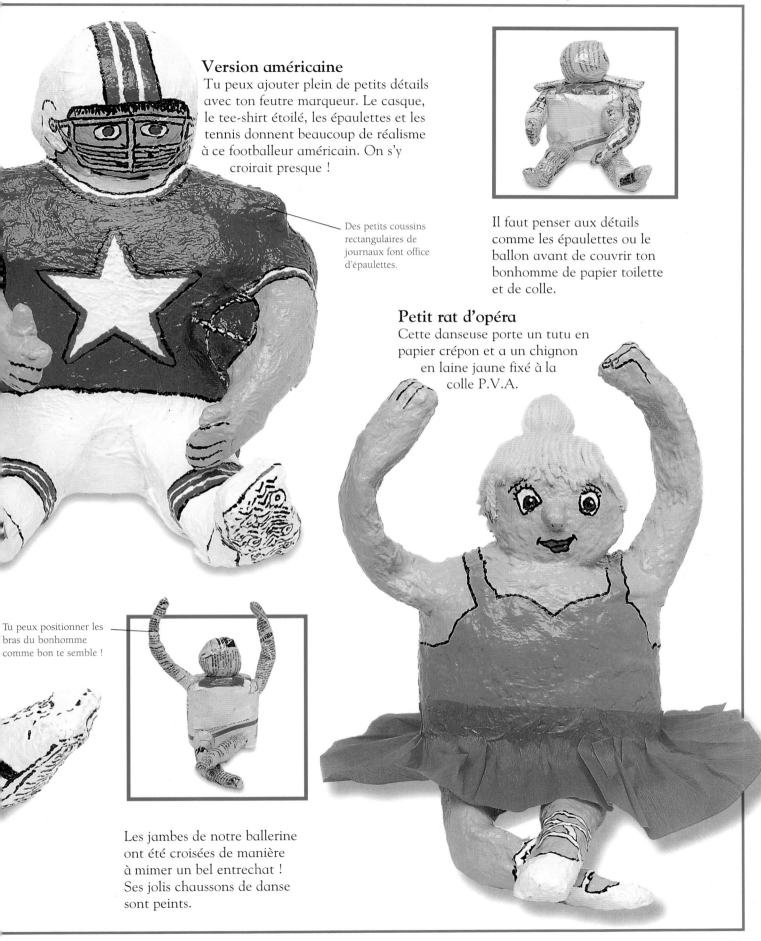

Version américaine

Tu peux ajouter plein de petits détails avec ton feutre marqueur. Le casque, le tee-shirt étoilé, les épaulettes et les tennis donnent beaucoup de réalisme à ce footballeur américain. On s'y croirait presque !

Des petits coussins rectangulaires de journaux font office d'épaulettes.

Il faut penser aux détails comme les épaulettes ou le ballon avant de couvrir ton bonhomme de papier toilette et de colle.

Petit rat d'opéra

Cette danseuse porte un tutu en papier crépon et a un chignon en laine jaune fixé à la colle P.V.A.

Tu peux positionner les bras du bonhomme comme bon te semble !

Les jambes de notre ballerine ont été croisées de manière à mimer un bel entrechat ! Ses jolis chaussons de danse sont peints.

SECRETS DE FABRICATION

Voici le moment de te livrer tous nos secrets de fabrication et de te prodiguer quelques conseils. Ceux-ci t'aideront à bien réaliser les projets de ce livre.

Bien voir les traits

Si tu dois dessiner sur du papier ou du carton de couleur sombre, utilise un crayon blanc pour bien voir les lignes.

Perforage du carton

Pour faire un trou net, passe un crayon à papier bien taillé dans le carton en plaçant de l'autre côté une boule de pâte à modeler.

Démoulage du papier mâché

C'est beaucoup plus facile de récupérer les moules en papier mâché si tu recouvres auparavant ton bol d'un film alimentaire.

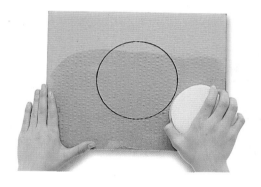

Découpe du carton

Pour couper aisément du carton, passe une éponge dessus et mouille-le légèrement.

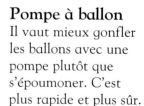

Pompe à ballon

Il vaut mieux gonfler les ballons avec une pompe plutôt que s'époumoner. C'est plus rapide et plus sûr.

Finitions

Pour faire ressortir les détails, repasse tous les traits et les contours au feutre noir.